CORMORAN

Reisebegleiter

TOSKANA

Beschneiden der Olivenbäume Anfang März.

CORMORAN

Reisebegleiter

TOSKANA

Fotos: Harald Mante
Text: Thomas Bremer · Eva Christina Vollmer

Die Westseite der Piazza del Mercato, des ehemaligen Amphitheaters, in Lucca.

INHALT

Blick von der Kuppel des Doms Santa Maria del Fiore in Florenz. Im Vordergrund der von Giotto 1334 begonnene Glockenturm.

DIE GEBURT DER MODERNEN KULTUR IM «GARTEN EUROPAS»

Eine Kultur der Städte

«Maledetti Toscani», «Verdammte Toskaner», hat der bekannte italienische Schriftsteller Curzio Malaparte seine erstmals 1956 erschienenen Skizzen zu jener Landschaft genannt, aus der er selbst stammte. Viele negative Eigenschaften seiner Landsleute zählt er auf – eigensinnig seien die Toskaner, stolz bis hin zur Arroganz, kompromißlos, hochmütig und schwierig –, aber natürlich verwandelt sich seine Kritik schließlich in eine Liebeserklärung. Letzten Endes seien die Toskaner so etwas wie das schlechte Gewissen Italiens, sie identifizierten sich mit ihrer Stadt, kurzum: «Italien ginge es besser, wenn es weniger Italiener und mehr Toskaner gäbe.»

Wie alle Texte, die versuchen, die gesamte Bevölkerung eines Landes oder einer Region zu charakterisieren, stimmt das natürlich ein bißchen und zugleich auch wieder nicht. Aber zumindest eine Beobachtung ist sicher richtig: Die historische Entwicklung, die die Toskana genommen hat, ist von derjenigen der meisten Regionen Italiens verschieden, und sie ist auch anders als in der Mehrzahl der europäischen Länder.

Zwar besitzt die Toskana mit Florenz seit dem 16. Jahrhundert eine unbestrittene Hauptstadt, doch sind die größeren Orte lange eigenständige Stadtrepubliken und damit sowohl kulturell als auch politisch selbständig gewesen. Zu dem Zeitpunkt, als ein Großteil jener Kunstdenkmäler entstand, die wir heute in der Toskana bewundern – nämlich zwischen dem 12. und dem 15. Jahrhundert –, gab es keinen Fürsten oder König, der wie in den meisten europäischen Regionen über das Land geherrscht und nur eine Stadt – nämlich seine Residenz – besonders reich ausgestattet hätte. In der Toskana wurden vielmehr die Städte selbst und ihre reichen Adelsfamilien zu Auftraggebern von Bauten und Kunstwerken, ja sie konkurrierten mit der jeweils nur wenige Kilometer entfernten Nachbarstadt um Pracht und Schönheit der Ausstattung.

Dies ist der Grund, weshalb sich heute eine solche Fülle von bedeutenden Kunstschätzen auf engstem Raum drängt; Florenz und Pisa, Siena und Arezzo, Grosseto und Volterra sind jeweils weniger als 100 Kilometer voneinander entfernt. Und während es in Paris, wie wir aus der neueren Stadtgeschichtsforschung wissen, keine einzige Familie gibt, die länger als 100 Jahre in ein und demselben Haus wohnte, ist für Florenz, aber auch für einige andere Städte der Toskana, eine ganze Reihe von Adelsgeschlechtern belegt, die seit dem 13., spätestens aber seit dem 15. Jahrhundert ihren Palast halten konnten und ihn zum Teil sogar bis heute bewohnen.

Erst nach der entscheidenden Schlacht von 1555, als – im Rahmen der größeren Auseinandersetzung zwischen Frankreich und Spanien um die Vorherrschaft in Europa – Siena (mit Frankreich verbündet) im Kampf gegen die vereinigten Heere von Florenz, Mailand und Spanien unterlag und seine Unabhängigkeit verlor, geriet die ganze Toskana unter den Einfluß von Florenz und des inzwischen dort herrschenden Geschlechtes der Medici, deren Einfluß übrigens noch heute an vielen Stellen der Stadt unmittelbar zu erkennen ist: Das Familienwappen mit den sechs Kugeln findet sich über dem Portal zahlreicher Florentiner Gebäude. Die Tradition der teils miteinander verfeindeten, teils verbündeten kleinen Stadtstaaten hatte sich als nicht mehr zeitgemäß erwiesen.

Aber erst 1743, als der letzte männliche Medici starb, kam die inzwischen zum Großherzogtum gewandelte Region unter die Herrschaft der österreichischen Habsburger, bis das Land dann Mitte des 19. Jahrhunderts Teil des geeinten Königreichs Italien wurde. Für sechs Jahre, von 1865 bis 1871, war Florenz sogar italienische Hauptstadt; König Vittorio Emanuele residierte im Palazzo Pitti. Erst danach wanderte das politische Zentrum Italiens südwärts, nach Rom, wo der Papst von den Truppen Garibaldis endgültig auf den Vatikan zurückgedrängt und damit als weltlicher Herrscher weitgehend entmachtet worden war. Das kleine Lucca bestand bis kurz vor diesem Zeitpunkt (1847) noch: Es war die letzte unabhängige Stadtrepublik; sogar Napoleon hatte das respektiert.

Santa Maria del Fiore in Florenz. Der Dom wurde im wesentlichen zwischen 1296 und 1369 errichtet. Von 1420 an ließ Brunelleschi die Kuppel aufwölben – die erste freitragende seit der Antike.

Brunnen von Pietro Tacca auf der Piazza Santissima Annunziata, einem der harmonischsten Plätze in Florenz. Unter den Arkadenbauten, die die Piazza auf drei Seiten flankieren, ist das Ospedale degli Innocenti, das Findelhaus, dessen Errichtung auf eine Initiative der Zunft der Seidenhändler Anfang des 15. Jahrhunderts zurückgeht.

Hügel, Berge, Meer

Reisen nach Italien sind immer auch Reisen in die Geschichte. Natürlich kann man Landschaften und Kunstwerke betrachten, ohne etwas von der Geschichte und den sozialen Bedingungen ihrer Entstehung zu wissen. Verstehen kann man ihren inneren Zusammenhang, der in Italien vielleicht noch größer, zumindest aber bis heute präsenter ist als in anderen Ländern Europas, ohne ein Mindestmaß an historischer Information sicherlich nicht.

Auch für das Selbstbewußtsein der Toskaner, das der eingangs zitierte Curzio Malaparte in seinen Skizzen so nachdrücklich schildert, spielt das eine Rolle: das Bewußtsein, in einer der zentralen Kulturlandschaften Europas zu leben, gleichsam in der Tradition Dantes und Boccaccios, Leonardos, Michelangelos und Galileis. Und wo sonst in Europa gibt es eine ganze Region, deren Innenstädte noch heute weitgehend von den städtebaulichen Vorstellungen des 13. und 14. Jahrhunderts geprägt sind und in denen trotzdem das Leben seinen modernen Gang geht?

Die Eigenart der Toskana wird jedoch nicht nur durch den Reichtum ihrer Kunstschätze, sondern ebensosehr durch die Natur, in die diese eingebettet sind, bestimmt. Mit der Toskana verbindet sich natürlich die Vorstellung von Florenz mit seinem Dom und den Uffizien, von Lucca mit seiner bis heute intakten mittelalterlichen Stadtbefestigung, vom Schiefen Turm und der ihn umgebenden Domanlage in Pisa, mit San Gimignano und seinen Geschlechtertürmen und mit dem «Palio», den Reiter- und Fahnenschwingerspielen auf dem muschelförmigen Platz vor dem Rathaus in Siena, von weniger bekannten, aber ebenso sehenswerten Städten wie Volterra oder Empoli, Prato oder Arezzo ganz abgesehen. Aber zur Toskana gehört untrennbar eben auch die Erfahrung der Landschaft, die rhythmische Abfolge von hintereinander gestaffelten sanften Hügeln mit ebenmäßigen Konturen und den diffusen Farbabstufungen vom Gelblichbraun und Blaugrau des Bodens und der Bauernhäuser aus Bruchstein, dem Schwarzgrün der Zypressen (die allerdings eigentlich aus Griechenland stammten, bevor sie in der Toskana heimisch wurden) und dem silbrigen Farbton der Olivenblätter. Im 19. Jahrhundert hat man diese Gegend – von Florenz bis zum Tyrrhenischen Meer – den «Garten Europas» genannt.

Erst bei genauerem Hinsehen erkennt man dann, daß gleichsam hinter den sanften Übergängen, die alle Gegensätze mildern, das Landschaftsbild viel stärker

Nixe des Neptunbrunnens auf der Piazza della Signoria in Florenz. 1571 schuf Bartolomeo Ammanati diesen damals größten Brunnen der Stadt anläßlich der Vermählung Johannas von Österreich mit Francesco, dem Sohn des Großherzogs von Toskana, Cosimo I. de' Medici.

differenziert ist, so daß man im Grunde bei jedem, der von sich sagt, er fahre in die Toskana, zurückfragen müßte: «In welche?»

Denn die Hügellandschaft um Siena unterscheidet sich deutlich von den Hügeln und langgestreckten Tälern des Chianti-Gebietes und nochmals von der Gegend um Volterra; einmal handelt es sich um Lehmberge mit nur geringem Bewuchs, das andere Mal um mit Macchiagewächsen und kniehohem Gestrüpp bedecktes Gelände, während das dritte intensiv landwirtschaftlich genutzt wird.

Die Gegend des Chianti-Gebietes ist Bauernland mit Wein- und Olivenanbau, ursprünglich in Terrassenbauweise, heute, nach der Landwirtschaftskrise der sechziger Jahre, häufig mittels der Planierraupentechnologie entlang von Betonpfaden gemäß den Gesetzen des Großflächenanbaus genutzt. Bei Siena sind die «crete» («creta» = Ton-, Lehmboden) weit weniger stark bewachsen, so daß einzelne Bäume und Baumgruppen im Panorama deutlich hervortreten. Es ist dies die Landschaft, karg und unwirtlich, die auf den frühen Bildern der Sieneser Malerschule mit ihren Darstellungen des frühstädtischen Lebens im Hintergrund zu sehen ist. Bei Volterra hingegen und in der östlichen Toskana, im Übergang nach Umbrien, sind die Böden zerklüftet, gar nicht mehr lieblich und stark erosionsgefährdet. Berühmt sind die «balze», die Erdbrüche bei Volterra, deren Steilwände fast senkrecht abfallen und in die im 17. Jahrhundert eine Kirche samt Klostergebäude und ein erheblicher Teil einer etruskischen Stadtbefestigung abgestürzt sind. Noch heute existieren darüber zahlreiche Volkssagen, zumal das Gestein weiter arbeitet und die Schlucht sich durch Erosionen vergrößert.

Aber noch nicht einmal das ist die ganze Toskana. Zu den unterschiedlichen Hügellandschaften kommen noch die Bergregionen hinzu: Am Apenninabhang sind sie bis zu 2000 Meter hoch, und zum Beispiel dort, wo die alte Handelsstraße von Bologna über den Futapaß bei Prato endet, erheben sie sich immer noch auf nahezu 1000 Meter. «Trunkene, kalkige Rücken der Berge, / stumme Szenerie, die du geliebt wirst vom stummen Mond, / lau über den Wiesen von Lucca», heißt es im berühmtesten Gedicht des 1975 ermordeten Dichters und Filmregisseurs Pier Paolo Pasolini, «Gramscis Asche», über diese Gegend.

Mitten in der Toskana, über 1700 Meter hoch: Der Monte Amiata, von der Bevölkerung meist nur «der Berg» genannt, ein erloschener Vulkan mit der schon von den Langobarden vor 800 gegründeten Abtei San Salvatore auf halber Höhe und von Siena aus gut zu sehen – heute ein wichtiges Naturschutzreservat. Und dann die Ebene: Zwischen Marina di Massa und Orbetello, dort, wo abschnittsweise ein Campingplatz an den nächsten stößt, geht die Hügellandschaft über in die Küstenregion, vor der – neben einer ganzen Anzahl kleinerer Inseln – Elba liegt. 70 Prozent des Territoriums der Toskana werden als «terreno collinare», als Hügelland, eingestuft, ein Fünftel der Region ist bergig bis gebirgig und zehn Prozent liegen in der Ebene.

Toskanische Landschaft und Kultur

Landschaft und Kultur hängen in der Toskana eng zusammen, bedingen ihr Erscheinungsbild gegenseitig. Zwei Dinge sind in diesem Zusammenhang bemerkenswert, und beide führen sofort wieder zurück in die Geschichte. Erstens die erstaunliche Erfahrung, daß die Toskana keineswegs schon immer als attraktives Reiseziel gegolten hat; wiederum erweist sich, daß Natur und Kunst keine festen, unveränderlichen Begriffe sind, sondern daß sie wie alle Vorstellungen einem historischen Wandel unterliegen.

In der Toskana hat sich schon früh ein kommerzielles und von den Klöstern unabhängiges Beherbergungssystem herausgebildet. Die erste Zunft von Weinausschank- und Herbergsbesitzern findet sich 1281 in Empoli; seit 1337 existieren genaue Vorschriften für geeichte Maße im Herrschaftsgebiet von Montepulciano, wo die Gaststätten nach dem dritten Glockenschlag schließen und den Gästen beim Betreten des Hauses alle Waffen abgenommen werden mußten. In Florenz gab es 1353 immerhin 235 in die Zunftrolle eingetragene Wirte, und in Siena, wo alle Unterkünfte zur klareren Unterscheidung Namen tragen mußten, sind diejenigen «Zum Stern», «Zum Mönch», «Zum Schwert» und «Zum Adler» neben einigen anderen aus den Steuerlisten namentlich bekannt.

Als – wesentlich später – die ersten Besichtigungs- und Erholungsreisen in einem mit der heutigen Situation wenigstens ansatzweise vergleichbaren Sinne entstanden, war die Toskana jedoch selten das Ziel. Die klassische Italienreise führte nach Mailand, an die oberitalienischen Seen, nach Venedig und dann nach Rom und Neapel; die Bauten des Mittelalters galten hingegen als barbarisch, die der Florentiner Frührenaissance im Vergleich zu den Zeugnissen der Hochrenaissance als nicht sehenswert und die Landschaft ohne spektakuläre Höhepunkte als viel zu sanft und geradezu langweilig. Von Goethe stammt der Ausspruch, Florenz sei nicht das, was er sehen wolle; er eilte «so schnell heraus als hinein». Der deutsche Reisende von Archenholtz schrieb 1785 über Florenz, wer ganz Europa bereist habe, könne «unmöglich von der Schönheit dieser Stadt mit übermäßiger Bewunderung» sprechen. Und auch die Landschaftsmalerei des frühen 19. Jahrhunderts fand ihre idealen Landschaften in der römischen Campagna und am Golf von Neapel und nicht in der Toskana.

Was uns heute als die ideale Mischung aus sanfter Landschaft und den wichtigsten Kulturschätzen Italiens erscheint, wird in dieser Form erst seit dem 19. Jahrhundert, im Grunde erst seit dem Beginn des 20., wahrgenommen. Zuvor galt die Toskana lediglich als Durchreiseweg nach Rom und nicht einmal als der bequemste (meist wurde der Weg entlang einer der Küsten bevorzugt), und noch bis 1860 war die Strecke zwischen Siena und Rom die verrufenste in ganz Italien. Ähnlich wie in Deutschland das legendäre Wirtshaus im Spessart war jedem europäischen Reisenden das Gasthaus von Radicófani dem Namen nach vertraut, dort, wo hinter dem Amiata-Massiv die Toskana langsam nach Latium übergeht: Dutzende von Reisenden sind hier angeblich spurlos verschwunden, und hinter jedem Felsvorsprung erwartete man einen Briganten, der mit langer Flinte und verwegener Mütze darauf aus war, die Kutsche auszurauben. Der Anblick der Landschaft lohnte der allgemeinen Meinung nach solche Risiken jedenfalls kaum.

Auch die zweite Beobachtung ist unmittelbar mit dem spezifischen Landschaftsbild der Toskana verknüpft. Man fragt sich, warum die Landschaft hier so kleinteilig, so gartenähnlich angelegt ist, und warum die Gehöfte außerhalb der Stadtanlagen so auffallend weit auseinander stehen. Auch dies ist keineswegs ein Zufall, sondern hat vielmehr mit einer Eigenart des mittelalterlichen Landbaus in der Toskana – und damit auch wieder mit der Stadtkultur – zu tun. Denn anders als fast überall sonst in Europa hat es in der Toskana kein Feudalsystem gegeben, bei dem die Bauern Leibeigene und dem Grundherren so gut wie rechtlos ausgeliefert waren. Die Landbesitzer der Toskana waren vielmehr stets die Adligen oder reichen Händler in den Städten, die im allgemeinen dort ihr finanzielles Auskommen hatten, denen es infolgedessen auch nicht so sehr auf möglichst hohe Abgaben ankam, sondern vor allem darauf, ihre eigene Lebensmittelversorgung und die der Stadt zu sichern. Dafür waren sie im Gegenzug sogar bereit, in die Landwirtschaft Kapital zu investieren.

Das führte bereits früh, etwa im 12. Jahrhundert – an manchen Orten schon früher, an manchen, etwa in Prato, auch erst später – zum System der «mezzadria», des Halbpachtsystems: Zwar mußte der Bauer ungefähr die Hälfte seiner Erträge abliefern, doch war er sozusagen halbfrei. Was er über den Pflichtteil hinaus erwirtschaftete, konnte er selbst verwenden oder auf den Märkten verkaufen. Der Grundbesitzer stellte den Bo-

«Palio» auf der Piazza del Campo in Siena. Das auf eine mittelalterliche Tradition zurückgehende Pferderennen findet zweimal im Jahr, Anfang Juli und Mitte August, zu Ehren der Jungfrau Maria statt.

Dem «Palio» in Siena, der Tausende von italienischen und ausländischen Besucher anzieht, geht ein Umzug in historischen Gewändern voraus. Der Wettkampf zwischen Vertretern der verschiedenen Stadtteile findet leidenschaftliche Anteilnahme ...

den, das Haus, Saatgut und Ackergeräte, der Pächter hingegen seine Arbeitskraft; er bearbeitete den Boden und rechnete den Ertrag ab. Außergewöhnliche Ausgaben (zum Beispiel die Gatter für das Vieh) wurden üblicherweise geteilt.

Mit dieser Neugestaltung der Landwirtschaftsverhältnisse ging eine Umformung der Siedlungsstruktur einher. Die alten Dorfformen, die aus der Zeit der spätrömischen Latifundien und der langobardischen Besetzung stammten, verschwanden; die neuen Grundeigentümer setzten das Haus ihres Pächters mitten in das «podere» (Landgut), das er verwalten sollte. Zugleich verschwanden die reinen Monokulturen, die eine Zeitlang vorherrschend gewesen waren, und machten einer Mischlandwirtschaft Platz, die aus Ölbaum, Wein und Weizen bestand, was eine gute Bodenausnutzung ebenso sicherte wie eine günstige Arbeitsverteilung für die Bauernfamilie über das ganze Jahr. Einem spätmittelalterlichen Besucher der Toskana, etwa aus Deutschland, mußten diese Zustände als Schlaraffenland erscheinen: Wo er zufrieden war, wenn unter seinen Bäumen noch ausreichend Gras für das Vieh wuchs, gab es hier eine Terrassenkultur, auf der auf ein und derselben Fläche neben Waldbäumen wie der Korkeiche auch noch Obst- und Ölbäume, unter ihnen Weinstöcke und Beerensträucher und noch zusätzlich Weizen und Gemüse gediehen. Seit dem 15. Jahrhundert errichteten die reichen Städter hier ihre Landhäuser und Villen, die es ihnen erlaubten, in der Sommerhitze die Stadt zu verlassen und im Herbst auf die Jagd zu gehen. So war von ihnen, auch wenn sie vom Ackerbau selbst nicht notwendigerweise viel verstanden, gleichsam unter der Hand die gesamte Landwirtschaft der Region verändert und den städtischen Bedürfnissen angepaßt worden.

Übrigens war der Landbau durch die enge Bindung an die städtischen Besitzer mit ihren internationalen Handelskontakten experimentierfreudig wie selten sonst in Europa: Brachten etwa die Spanier exotische Früche aus der Neuen Welt mit, so wurde bald versucht, ob sie sich nicht auch in der heimischen Region anbauen ließen. Die ersten Kartoffelkulturen der Toskana sind schon im Jahr 1584 nachgewiesen, während der Anbau von Tabak, den Jean Nicot (daher die Bezeichnung Nikotin) eingeführt hatte, bald wieder aufgegeben wurde. Auch der Anbau von Kakao mißlang, aber 1592 konnte man dafür in Florenz den ersten, wenn auch importierten Kaffee trinken, und die Kamelie wurde von dem aus Siena stammenden Jesuitenpater Camelius von den Philippinen mitgebracht und bald in den toskanischen Gärten heimisch.

… Das Los entscheidet über das Pferd, die Contrada (Stadtbezirk) bestimmt den Reiter, der ohne Sattel reitet. Das Rennen auf dem glatten Pflaster führt trotz des aufgeschütteten Sandes oft zu spektakulären Stürzen.

Der Ursprung der Städte

Aber wir greifen vor, denn zu klären bleibt zunächst, warum es überhaupt toskanische Stadtstaaten gab. Wie vollzog sich ihr Aufstieg? Und wie lebte man in ihnen? Auch dies war das Ergebnis eines langen und komplexen Prozesses, hinter dem unter anderem das schwierige Verhältnis der italienischen Besitztümer zum Deutschen Reich stand.

Nachdem Karl der Große die Langobarden besiegt hatte, war auch die Toskana im Prinzip ein Teil des fränkischen Herrschaftsgebietes geworden; übrigens galten dort zunächst dieselben Lehensbedingungen wie im Reich. Der Toskana, genauer: den einzelnen Städten der Toskana, gelang es jedoch, aus der relativen Schwäche des Kaisertums und vor allem aus dessen Kämpfen mit dem Papst politischen Gewinn zu schlagen.

Der berühmte Investiturstreit des Mittelalters über die Frage, wer die Bischöfe einsetzen darf – der Kaiser oder der Papst – und der zunächst zu dem berühmten Gang nach Canossa von Kaiser Heinrich IV. und zu seinem Einlenken gegenüber dem Papst führte, wurde zum entscheidenden Auslöser. Was auf den ersten Blick wie ein ausschließlich deutscher Konflikt aussieht, hatte für die Toskana weitreichende Folgen. Daß die Burg Canossa, vor der der Kaiser den Berichten nach drei Tage im Schnee warten mußte, bis ihn der Papst einließ, Matilde, der Markgräfin der Toskana, gehörte, war nicht einmal das Entscheidende. Wichtiger war, daß Heinrich IV. wiederkam: Als der Papst ihn kurze Zeit später nochmals mit dem Kirchenbann belegte, lenkte er nämlich nicht ein weiteres Mal ein, sondern zog mit seinen Streitkräften nach Rom. Dabei kam er naturgemäß durch die Toskana, und nun mußten sich die Orte am Rande seines Weges zwischen den beiden Gegnern entscheiden.

Pisa und Lucca hielten zum Kaiser. Sie öffneten ihre Stadttore, trugen zur Verpflegung des Heeres bei und erhielten dafür Privilegien: 1081 versprach der Kaiser, künftig keinen Markgrafen der Toskana mehr zu ernennen, dem nicht die Repräsentanten von Pisa zustimmten. Und Lucca versprach er, in dessen Umgebung keine Burg zu bauen, die der Stadt militärisch gefährlich werden konnte, und akzeptierte so deren Eigenständigkeit. Florenz hingegen hielt zum Papst, weswegen es im Sommer 1082 von Heinrich IV. belagert wurde; er konnte es jedoch nicht einnehmen. Das Ergebnis war in beiden Fällen das gleiche: Die Autorität des Kaisers wurde geschwächt, die der Städte erheblich gestärkt. Hinzu kam, daß sich zum erstenmal unter den Städten

Fortsetzung Seite 20

Blick vom schattenwerfenden Rathausturm auf die Piazza del Campo in Siena, die eben für den »Palio« hergerichtet wird.

DANTE UND MICHELANGELO: ZWEI BEISPIELE FÜR POLITISCHE KUNST IN DER TOSKANA

Wenn man vor einem mehr als 500 Jahre alten Bild oder einer Skulptur steht oder ein literarisches Werk liest, ist es zumeist schwierig, sich vorzustellen, daß diese Werke in einem konkreten politischen Zusammenhang – manchmal sogar als klare politische Stellungnahme – entstanden sind. Und doch gilt das gerade in der Toskana für viele Kunstwerke.

Ein Beispiel dafür ist Dante (1265–1321). Die »Divina Commedia« ist zwar in der Sprache der Toskana verfaßt, im »volgare« von Florenz, doch ist Dantes berühmtes Werk nicht dort entstanden, sondern im Exil in den feindlichen Städten Lucca und Pisa und in Verona.

In Florenz war Dante zunächst weniger als Dichter, sondern viel besser als Politiker bekannt. Um 1300 konnte man dort nur als Mitglied von einer der Handwerkerzünfte politisch tätig werden, deswegen schrieb sich Dante, obwohl er Philosophie und Theologie studiert hatte, in

Oben: Grabmalskulptur von Michelangelo in der Neuen Sakristei in Florenz. Mitte, von links: »Die Barke des Dante« (1822), Illustration von Eugène Delacroix zu Dantes »Divina Commedia«; Porträts von Michelangelo und Dante. Unten: »David« von Michelangelo.

der Zunft der Apotheker ein und wurde im November 1295 zu einem der 35 Mitglieder des Florentiner Stadtrats gewählt. Nach Ablauf der Amtszeit wurde er Abgeordneter im »Consiglio dei Cento« und 1297 einer der Bürgermeister.

Sein politisches Schicksal entschied sich im Jahr 1300: In der Folge eines Streits verfeindeter Familien beleidigten einige Adlige auf einer Prozession die Vorsteher der Zünfte, und als Dante dann auch noch ein Urteil gegen einen Parteigänger des Papstes trotz dessen Protest bestätigte, stand er plötzlich im Mittelpunkt der politischen Auseinandersetzungen. Schließlich kam es zum militärischen Putsch der aus Florenz verbannten (und vom Papst unterstützten) Familie Donati. Dantes Partei unterlag, und 1302 wurde er zum Tod auf dem Scheiterhaufen verurteilt. Da er nicht in Florenz war, konnte das Urteil zwar nicht vollstreckt werden, doch lebte Dante seither in der Verbannung.

In der »Divina Commedia« werden Teile der Ereignisse in literarischer Form, aber bei voller Namensnennung erzählt.

Dante starb 1321 – als politischer Gesandter, nunmehr von Ravenna.

Auch Michelangelo (1475–1564) war keineswegs der reine, unpolitische Künstler, als der er häufig dargestellt wird: Er war ein radikaler Gegner der Herrscherfamilie der Medici, zeitweilig auch ein Anhänger des fanatischen Dominikanermönchs Savonarola. So ist insbesondere der »David«, die berühmte Statue, deren Kopie vor dem Palazzo Vecchio steht, ein dezidiert politisches Kunstwerk, denn es handelt sich bei ihr um eine Freiheitsstatue. Nach drei gescheiterten Attentaten auf Lorenzo de' Medici war es nach dessen Tod im Jahr 1494 gelungen, der Familie die Herrschaft über die Stadt zu entziehen. Zwei große Gedenkstatuen wurden daraufhin im Auftrag der Stadt vor dem Rathaus aufgestellt: die von Donatello bereits früher geschaffene Figur einer Judith, die Holofernes das Haupt abschlägt, und Michelangelos eigens zu diesem Anlaß geschaffene Figur des David, der sich gegen Goliath durchsetzt.

Der überzeugte Republikaner Michelangelo widmete sich fast nur noch der Politik; er ließ sich ins Parlament wählen und wurde der oberste Aufseher und Planer der Florentiner Verteidigungsanlagen. Beim erneuten Zusammenbruch der Republik 1530 lebte Michelangelo, von der Todesstrafe bedroht, mehrere Monate lang im Untergrund. Das Grabmal der Medici in der Sakristei der Kirche San Lorenzo entstand als politischer Kompromiß: Papst Clemens VII., selbst ein Medici, versprach Michelangelo die Begnadigung, wenn er als Strafe das Monument zu Ehren der verhaßten Familie ausführt. Noch einmal erwächst aus Michelangelos Haß auf die Medici ein Kunstwerk: Als Alessandro de' Medici einem Attentat zum Opfer fällt, schafft er eine Büste des Brutus – zu Ehren des Attentäters.

Die Piazza Salimbeni in Siena ist von eindrucksvollen Palazzi umgeben. In einem von ihnen, dem Palazzo Salimbeni, ist die Zentrale der bereits 1264 gegründeten Bank »Monte dei Paschi di Siena«, die zu den ältesten Banken der Welt gehört, untergebracht. Der Ökonom Sallustro Bandini (1677–1760) wurde vor dem Palazzo in Stein verewigt.

Olivenbäume an den Hängen von Vinci, dem Geburtsort Leonardos. Heute werden manche überalterte Kulturen nicht mehr ersetzt, da die Pflege der Olivenbäume sehr viel Arbeit erfordert.

der Toskana klare politische Fronten zwischen den Anhängern des Kaisers und denen des Papstes ergeben hatten. Der Streit zwischen Guelfen und Ghibellinen – die einen papst-, die anderen kaisertreu –, jener Konflikt, der in der Folge die künftige Entwicklung der Toskana bestimmen sollte, hat hier seinen Ausgangspunkt.

Um 1100 gab es in den meisten Städten bereits gewählte Vertreter, meist zwölf, manchmal auch mehr, die im Rückgriff auf die römische Antike fast überall als Konsuln bezeichnet wurden. «Sie werden nicht von einem König oder Herrn regiert, sondern nur von selbst gewählten Rechtspersonen», heißt es über die Städte der Toskana bei dem jüdischen Reisenden Benjamin von Tudela, der um 1160 auf dem Weg nach Palästina und dem Nahen Osten die Mittelmeerländer besuchte und beschrieb. Der Landadel wurde zum Umzug in die Stadt gezwungen, um keine bedrohlichen Machtzentren in ihrer Nähe zu haben. Innerhalb der Stadt hingegen wurde mit Mauern und Wehrtürmen aufgerüstet, um die eigene Unabhängigkeit im Konfliktfall gegenüber anderen Städten besser wahren zu können, die stets bestrebt waren, sich bei Anzeichen der Schwäche sofort das Gebiet einer feindlichen Nachbarstadt einzuverleiben.

Eine Stadtgeschichte: San Gimignano

San Gimignano ist die einzige der kleineren Bergstädte der Toskana, die seit den fünfziger Jahren vom Massentourismus entdeckt wurde. Weit über eine Million Besucher drängen sich jedes Jahr durch die 30 Straßen des Ortes, der sich mit seinen Geschlechtertürmen auf der Spitze eines weit die Umgebung überragenden Hügels eindrucksvoll gegen den Himmel abzeichnet. Das Gedränge in jenem wundervollen, in seiner Makellosigkeit aber auch leider fast zu Tode restaurierten Ort liegt sicherlich nicht jedem. Doch lassen sich hier – sozusagen im kleinen – die Folgen jener 700 bis 1000 Jahre zurückliegenden sozialen Prozesse noch deutlich nachvollziehen.

Was hat eine entstehende Stadtrepublik – etwa im Inneren der Toskana wie San Gimignano – zu bieten, was hebt sie aus dem Umland als privilegiert hervor?

In diesem Fall ist das zunächst die Lage auf dem Hügel. Wie an vielen Stellen der Toskana war in der Zeit nach der Antike, als es keine funktionierenden Entwässerungskanäle mehr gab, die Ebene um San Gimignano versumpft. Die Gegend war malariaverseucht und, wie wir aus vielen Berichten wissen, im Sommer selbst auf den befestigten Wegen vor Stechmücken kaum zu be-

Zur Zeit der Pfirsichblüte legt sich ein weiß-rosa Hauch über das Land. Italien zählt neben den USA zu den wichtigsten Anbauländern dieser Frucht.

treten. San Gimignano hingegen liegt dort, wo auch in der heißesten Jahreszeit ein leichter Wind weht. Ursprünglich war der Ort noch vor dem Jahr 1000 als eine Befestigung der Bischöfe von Volterra entstanden und kontrollierte eine wichtige Straßenverbindung. Schon früh wurden hier Konsuln gewählt, die die Stadt nach außen vertraten, die aber erst spät – ab 1199 – ohne die Zustimmung des Bischofs Verträge unterschreiben durften.

Die Einkünfte der Stadt waren, wie übrigens auch in Siena, abhängig von der Lage an der Via Francigena, der Frankenstraße, dem Hauptweg der Pilger vom Norden Europas nach Rom. Sie stammten daher zum einen aus Durchgangszöllen, dem Fuhrgewerbe und Gastwirtschaften und zum zweiten aus dem Handel selbst und dem Geldverleih und -wechsel. Die wichtigsten Handelsgüter der Stadt waren Wein aus der Umgebung, vor allem aber Safran. «Safran macht den Kuchen geel» (gelb), heißt es im Kinderlied, aber nicht nur den Kuchen und, als eine Art Luxusgewürz, andere Speisen wie den Reis, sondern vor allem auch Seidenstoffe. Damit wurde die Stadt zu einem wichtigen Zulieferort für die Textilindustrie anderer toskanischer Städte.

Eine bedeutende Rolle für die Stadt spielten die Wehr- und Geschlechtertürme, die nicht wie in allen anderen Städten der Toskana im späten Mittelalter abgerissen werden mußten und deswegen heute den besonderen Reiz von San Gimignano ausmachen. Ursprünglich hatten diese Türme eine echte militärische Funktion: Wurde eine Stadt belagert, so konnte sich die (fast immer adlige) Familie in den Turm zurückziehen und dort eine Zeitlang den Belagerern trotzen. Viele Türme, die nur über Leitern zugänglich waren, hatten deswegen auch geheime unterirdische Verbindungen zu den Palästen der Familie oder ins Freie, um notfalls auf diesem Weg Nahrungsmittel aufnehmen zu können.

Zunehmend wurden die Türme aber auch ein reines Prestigeobjekt und Statussymbol: Jede Familie versuchte, ihren Turm möglichst hoch zu bauen und möglichst prächtig auszustatten; in Lucca erhielten einzelne Türme sogar eine Bepflanzung aus Steineichen, die wie eine Krone wirken. Solche sozusagen privaten Wehranlagen inmitten der Stadt wurden jedoch den Kommunen selbst, vor allem aber natürlich den im jeweils feindlichen politischen Lager stehenden anderen Familien innerhalb derselben Stadt zu gefährlich, so daß es bald zu Beschränkungen vor allem bei der Höhe solcher Türme kam.

Für Florenz ist diese Entwicklung besonders gut dokumentiert. Der reiche Tuchhändler Lapo da Castiglionchio, dessen Häuser beim Aufstand der Wollschläger («Ciompi») von 1378 als erste in Brand gesteckt wurden, berichtet am Ende seines Lebens in einem Brief an seinen Sohn die Überlieferung, derzufolge «in kurzer Zeit etwa einhundertfünfzig Türme von den Stadtbürgern errichtet wurden, jeder mehr als einhundertzwanzig Ellen hoch». Das sind immerhin 70 Meter. Seit 1248 durften sie jedoch nur noch maximal 50 Ellen hoch sein, bestehende Türme mußten ganz abgerissen oder entsprechend abgetragen werden. Aus Prozeßakten, mit denen 30 Jahre später die ehemaligen Eigentümer Entschädigungszahlungen gegen die Stadt durchsetzen wollten, wissen wir, daß damals in kurzer Zeit mindestens 59 solcher Türme in Florenz beseitigt wurden, meistens, indem man sie an ihrem Fuß einschlug, mit Holz abstützte und dann an die Stützbalken Feuer legte, so daß die Türme fielen.

Beschränkungen dieser Art galten auch in San Gimignano. Hier durften private Türme nicht höher sein als derjenige des Rathauses, also immerhin 54 Meter. 15 von den ursprünglich über 70 Türmen der Stadt aus hellem Sandstein, nach oben meist in Backstein gemauert, existieren noch heute. Sie waren zunächst nicht bewohnt; erst später, nach Umbauten in ihrem Inneren und dem Einzug von Zwischendecken und Fensteröffnungen auf den neugeschaffenen Geschoßebenen, wurden sie als Wohnungen genutzt. Besonders reiche Familien, die ihren Reichtum auch zur Schau stellen wollten, verfielen in San Gimignano jedoch auf einen Trick, um die Höhenbegrenzung zu umgehen: Sie bauten zwei Türme nebeneinander. So existiert noch heute der aus dem 13. Jahrhundert stammende Zwillingsturm der Familie Salvucci. Ärmere Familien hingegen schlossen sich zu Turmgesellschaften zusammen, von denen in einzelnen Fällen noch Statuten und entsprechende Verträge bestehen. Der Zweck dieser Vereinigung war der Besitz eines Turmes, gelegentlich auch der von nebeneinander errichteten Türmen, um ein ganzes Stadtviertel kontrollieren zu können. Die an manchen der Türme noch heute sichtbaren Mauerlöcher dienten zur Sicherung von Stützbalken, auf denen hölzerne Balkone oder Rundgänge befestigt waren.

Militärisch setzte sich die Stadt gegen die Nachbarorte Colle und Poggibonsi durch. Aber ab dem 14. Jahrhundert wurde San Gimignano zu klein für die Erfordernisse der neuen Zeit; Kommunen dieser Größe konnten sich nicht mehr selbständig halten. Noch bevor die Stadt dazu gezwungen wurde, begab sie sich freiwillig unter den Schutz von Florenz. Interne Kämpfe – zwischen Guelfen und Ghibellinen, zwischen den verfeindeten Familien Salvucci und Ardinghelli und damit auch zwischen den außenpolitischen Optionen zugunsten von Florenz oder aber von Siena – hatten die Stadt zerrissen. 160 Jahre lang hatte ihre Blütezeit gedauert.

Nachdem die Sümpfe am Fuße der Stadt weitgehend trockengelegt wurden, war der endgültige Abstieg nicht mehr aufzuhalten: Die Pilger und Handelsreisenden blieben in der Ebene und quälten sich und die Fuhrwerke nicht mehr den Hügel hinauf. In San Gimignano scheint die Zeit im Jahr 1563 stehengeblieben zu sein. Der erste der toskanischen Großherzöge nach dem Sieg gegen Siena, Cosimo de' Medici, entschied, es dürften «auch keine geringen Summen» mehr in die Stadt investiert werden. Seitdem ist sie geblieben, wie sie damals war.

Und Florenz?

Vieles von dem, was für San Gimignano gilt, trifft auch für die anderen Städte der Toskana zu. Florenz darf man sich im 13. Jahrhundert nicht viel anders vorstellen, und selbst seine Konflikte waren im Prinzip die gleichen. Florenz war zunächst deutlich kleiner und unwichtiger als Pisa, das als Seemacht den Höhepunkt seiner Bedeutung zur Zeit der frühen Kreuzzüge erreichte, als es zusammen mit Genua und Venedig Tausende von Kreuzrittern ins Heilige Land transportierte und auf dem Rückweg Waren von dort mitnahm. Als in Pisa, aber auch in Lucca, Pistoia, Prato und später auch in Siena Dome errichtet wurden – im 12. und zu Beginn des 13. Jahrhunderts –, entstanden in Florenz keine Bauten vergleichbaren Ranges; selbst die Florentiner Malerei setzt erst später ein.

Dann aber holte die Stadt zügig auf. Mehrere Faktoren trugen dazu bei: Zum einen eine skrupellose Eroberungspolitik gegenüber dem Umland, deren Folgen als erstes der Stadtstaat Fiesole (mit eigenem Bischofssitz) zu spüren bekam – die Stadt wurde dem Erdboden gleichgemacht. Über Florenz wurde zwar wegen des Angriffs auf das Bistum zeitweilig der Kirchenbann ausgesprochen, aber das Territorium hatte sich beträchtlich vergrößert. Zum anderen war es von großer Bedeutung, daß Florenz selbst Tuch produzierte (also sozusagen Endprodukte herstellte und nicht nur, wie San Gimignano, eine Zulieferindustrie betrieb) und daß sich innerhalb seiner Mauern erhebliches Kapitalvermögen befand, das zur Entstehung eines bereits neuzeitlichen Banken- und Kreditsystems führte. Petrarca, der feinsinnige Liebeslyriker, hat – wenn auch mit religiösen Skrupeln, weil auf Wucherzinsen strenge Höllenstrafen standen – das Familienvermögen am Florentiner Kreditmarkt ebenso eingesetzt und vermehrt wie selbst zahlreiche Kleriker. 1252 wurden in Florenz (etwa zeitgleich mit Mailand) die ersten eigenen Goldmünzen geprägt, und bereits am Ende des 13. Jahrhun-

Fortsetzung Seite 28

Regennasse Olivenbäume vor dem Wallfahrtsheiligtum der Madonna della Carità aus dem 16. Jahrhundert. Die Kirche liegt nahe bei Seggiano am Monte Amiata, einem 1738 Meter hohen erloschenen Vulkan.

Der Dom und das Baptisterium (rechts im Bild) in Pisa sind aus gleichem Baumaterial – weißem Marmor aus den Steinbrüchen nahe Carrara.

AUS KÜCHE UND KELLER

Die toskanische Küche ist so vielfältig wie die Landschaftsformen dieser Region: In den ausgedehnten Küstengebieten wird man vor allem Fischspezialitäten finden, in den Hügellandschaften weiden Schafsherden und wechselt Wild, am unteren Teil der Bergregionen gibt es viele Sorten von Pilzen und Kräutern und ganze Wälder von Eßkastanienbäumen, in den fruchtbaren Ebenen und Tälern gedeihen die Rinder, die das Fleisch für die «Bistecca fiorentina» liefern, und werden Weizen fürs Brot und Hartweizen für die Nudeln angebaut.

Die toskanische Küche ist echt und ursprünglich und hält nichts von den oft übertriebenen und bemüht wirkenden Raffinessen der «Nouvelle cuisine». Das Feinste, was sie zu bieten hat, ist die bereits erwähnte «Bistecca fiorentina»: Ein abgehangenes Stück Rindfleisch – im Idealfall aus dem Chianatal – wird gegrillt, mit Salz, Pfeffer, Öl und Zitronensaft gewürzt – fertig. Eine andere, ebenso einfache, aber herrliche Köstlichkeit ist die «Bruschetta»: Geröstete Landbrotscheiben

werden mit Knoblauch und Salz gewürzt und in Olivenöl getränkt. Mit einfachsten Mitteln wird auch «Ribollito» hergestellt, eine Bohnensuppe mit Brühe, Brot und rohen lila Zwiebelringen. Eine sehr scharfe toskanische Variation der Bouillabaisse ist der typisch tyrrhenische «Cacciucco», der in den Maremmen in der «Aquacotta», einer Zwiebelsuppe, ein Pendant hat. Örtliche Spezialitäten sind beispielsweise in Lucca «Frantoiana» (Gemüsesuppe), in Pisa Wildfleisch mit «pallette» (Nocken aus Weizen- und Maismehl), in Pistoia «Pappardelle alla lepre» (Nudeln mit Hasensauce) und «Lasagne cacciagione» (Nudeln mit Wildsauce), in Siena «Zuppa di fagioli e salsiccia» (Bohnensupe mit Wurst) und «Fritelle» (Reiskuchen).

Aus Siena stammen auch berühmte süße Backwaren wie «Panforte» (Lebkuchen), «Ricciarelli» (Mandelgebäck), «Copate» (mit Marzipanfüllung) und «Cavallucci».

Die kunstvollen Auslagen der «Pasticcerie», «Salumerie», «Pizzicherie» lassen die toskanischen Tafelfreuden erahnen.

Der «Castagnaccio» wird bevorzugt im Herbst gegessen: Ein Teig aus Kastanienmehl und Wasser wird mit Rosmarin gewürzt, mit Olivenöl beträufelt, mit Pinienkernen bestreut und dann im Ofen gebacken. Zur Karnevalszeit gibt es in Florenz die «Schiacciata alla fiorentina», mit Puderzucker bestäubtes Hefegebäck von der Dicke einer Pizza. In der ganzen Toskana beliebt sind die «Cantuccini» (Biskuits mit Mandelstücken), die man in Vino santo tunkt. Als Käsesorten sehr verbreitet sind der aus Schafsmilch gewonnene «Pecorino» und der «Mozzarella», ursprünglich ein frischer Büffelkäse aus der Maremma, heute meist aus Kuhmilch.

Das berühmteste Getränk der Toskana ist zweifellos der «Chianti»-Wein, der in sieben Zonen angebaut wird. Das Anbaugebiet des «Chianti Classico» (kräftig; hat den schwarzen Hahn als Emblem) liegt zwischen Florenz und Siena auf einer Fläche von 73 000 Hektar. Daneben gibt es noch den leichteren und milderen «Chianti Putto» mit weinlaubumranktem Baby-Bacchus als Symbol. Einen schönen

Ausblick über das Gebiet hat man von der 578 Meter hoch gelegenen Ortschaft Castellina in Chianti. «Chianti» wurde früher aus vier verschiedenen Trauben zusammengestellt, zwei roten (Sangiovese und Canaiolo) und zwei weißen (Trebbiano Toscana und Malvasia). Die roten Sangiovesetrauben machen den Hauptanteil aus. Heute lassen die meisten Winzer die weißen Trauben ganz oder fast ganz weg und ersetzen sie oft durch Cabernet. «Chianti» muß zwei Jahre in Fässern lagern, bevor er abgefüllt und verkauft werden darf. Das Gockelsiegel mit silbernem Rand bedeutet «Vecchio» (zwei Jahre gekellert), mit goldenem Rand «Riserva» (drei Jahre). Ein bekanntes Weinanbaugebiet ist auch die Gegend um Montepulciano, wo der «Nobile» und der «Vino Santo» wachsen. Der «Nobile»-Wein muß vier Jahre alt sein, wenn er auf den Markt kommt, der «Brunello» aus Montalcino sogar fünf Jahre. In Montalcino gedeiht außer dem gehaltvollen «Brunello» der «Bianco di Montosoli» und der «Brusco dei Barbi». Bekannte Weißweine sind der «Bianco di Pitigliano» und der «Vernaccia» aus San Gimignano. Im Umkreis des Seebades Marina di Castagneto (südlich von Livorno) werden ausgefallene Weine angebaut: der «Rosé di Bolgheri», der «Serristori Rosé» und der rote «Sassicaia». Lucca wartet mit dem örtlichen Rotwein «Cercatoia» auf. Das Weinbauzentrum auf Elba liegt um Marciana.

Eva Christina Vollmer

Bei Grosseto. Der Weinbau ist in der Toskana die wichtigste landwirtschaftliche Einkommensquelle.

Aus der Toskana kommen so bekannte Weine wie der «Chianti», aber auch so erlesene wie der «Brunello di Montalcino» und der «Nobile di Montepulciano».

derts hatte Florenz etwa 100 000 Einwohner – gehörte damit also zu den größten Städten in Europa.

Es würde zu weit führen, hier auch nur ansatzweise auf die verwickelte politische Geschichte von Florenz einzugehen. In keiner anderen toskanischen Stadt erreichten die nichtadligen Handwerker und Kaufleute – zumindest zeitweilig – einen so großen politischen Einfluß wie in Florenz, bevor dann der Adel die Geschicke der Stadt wieder an sich riß. Aber auch hier hat der Aufstieg der neuen Händlereliten wesentlich mit dem internen Zwist zwischen rivalisierenden Familien und zwischen Guelfen und Ghibellinen zu tun. Jedesmal war er mit Exil und Vermögensentzug für die unterlegenen Adelsgeschlechter, aber auch mit Allianzen mit Frankreich (guelfisch) oder dem Kaiserreich bzw. mit anderen Städten Mittelitaliens verbunden. Das bereits geschilderte Schicksal der Florentiner Türme ist ein Symbol dieses lange währenden Haders, der erst um 1400 beendet wurde.

Eine Literatur in der Volkssprache

Bisher ist noch nicht von der Literatur die Rede gewesen. Das eigentliche Italienisch, die in der Grundstruktur noch heute gebräuchliche Form der Standardsprache, ist aus dem Toskanischen hervorgegangen (heute streiten sich Siena und Lucca darum, in welcher der beiden Städte das reinste Italienisch gesprochen wird, während der Dialekt um Florenz sehr ausgeprägt ist). Dante, Petrarca, Boccaccio, die drei großen Namen der italienischen Literatur am Ende des Mittelalters und zugleich die Autoren, die das Erscheinungsbild der Literatur im Übergang vom Lateinischen zum Italienischen am stärksten geprägt haben, sind Toskaner und haben in der Toskana gelebt und geschrieben.

Zu diesem Zeitpunkt gab es in der Sprachverwendung noch eine klare Trennung zwischen Gebildeten und einfachem Volk. Die Bauern auf dem Land, aber auch die Städter untereinander sprachen «volgare», den Dialekt ihrer jeweiligen Region, der sich nach und nach aus dem Spätlateinischen entwickelt hat. Alles Schriftliche, sei es ein notarieller Vertrag, sei es ein Brief, verfaßte man jedoch ganz selbstverständlich in Latein. Einer der frühesten Texte, die nicht so verfahren, ist übrigens eine Abrechnung des Senats von San Gimignano über ausgezahlte Honorare – und zwar an Bürger, die unter wechselnden Vorwänden nach Poggibonsi und in andere Orte gegangen waren, um dort zu spionieren. Der Text stammt aus dem Jahr 1269, «als Arnolfo (de' Buondelmonti) Podestà war», wie die Ein-

Junge Olivenbäume in der Umgebung von Grosseto. Der karge, steinige Boden der Toskana bietet den Bäumen nur wenig Nahrung; dafür ist die Qualität des kaltgepreßten Öls um so besser – es hat wenig Säure und ein kräftiges Aroma.

leitung sagt; in seinem Auftrag organisierte und koordinierte ein gewisser Arrigo das Spionagewesen, und eine gewisse Donna Buona, die zwei Tage in «Pugibunizi» geblieben war, um «Neues über die angekommenen Reiter» herauszubekommen, erhielt dafür bei ihrer Rückkehr zwei Scudi und sechs Dinari.

In Florenz war es Dante (1265–1321), der erstmals die Volkssprache für die Literatur nutzte. Er tat dies auf zweierlei Weise: Zum einen dachte er über sie nach, dies allerdings – da es ein Text mit wissenschaftlichem Anspruch ist – auf Latein. «De vulgari eloquentia libri duo» («Zwei Bücher über die Ausdruckskraft der Volkssprache») heißt die Schrift, in der er nachzuweisen versucht, daß das Italienische – wenn auch unter strengen Bedingungen – dem Lateinischen an Schönheit ebenbürtig sei. In der Praxis verfolgte Dante dagegen sein Programm, indem er in der Zeit seiner Verbannung die «Divina Commedia» («Die Göttliche Komödie») schrieb, einen Text, der gleichzeitig die Weltgeschichte und die Geschichte der Toskana thematisiert, aber auch religiöse Vorstellungen, Zahlenmagie, Mystik, antike Texte und gelehrte Traktate einbezieht. Er ist in komplizierter Form, in 14233 Versen, verfaßt – in der Sprache der Bauern und Händler, nicht in der der Gelehrten.

Schon früh galt Dantes umfassendes Gedicht als ein vollendetes Kunstwerk. Obwohl in Florenz verfemt und die letzten 20 Lebensjahre von einem Todesurteil bedroht, wissen wir aus den Haushaltsabrechnungen der Stadt, daß schon kurz nach Dantes Tod die Stelle eines Lektors geschaffen wurde, der gegen Bezahlung aus städtischen Mitteln Abschnitte aus der «Divina Commedia» laut vorlas und für seine Zuhörer erklärte und kommentierte. Boccaccio (1313–1375), der berühmte Novellendichter, hatte diese Stelle eine Zeitlang inne.

Auch bei ihm und Petrarca (1304–1374) findet sich die Gleichzeitigkeit lateinischer und italienischer Literatur. Boccaccios «Il Decamerone» («Das Dekameron»), auf toskanisch verfaßt, ist eine Sammlung lebensfroher Texte; viele schon aus der altfranzösischen Literatur bekannten Charaktere kehrten hier wieder: der geprellte Ehemann, der zu früh nach Hause zurückkommt und deswegen seine Frau in flagranti erwischt, so daß sich diese in größter Eile eine plausible Ausrede einfallen lassen muß; der arme Student, der wenig zum Leben hat, aber gewitzt ist und deswegen den reichen und geizigen Handelsherrn mit der Aussicht auf zusätzlichen Profit übers Ohr zu hauen versteht; der Mönch, der nicht immer nur nach christlichen Moralvorstellungen lebt.

Fortsetzung Seite 34

CARLO COLLODI, DER SCHÖPFER PINOCCHIOS

Sehenswert ist in Collodi eigentlich nur die Villa Garzoni, eine der Prachtbauten, die im Barock von den Adelsfamilien der Toskana als Aufenthaltsort für die Sommerfrische angelegt wurden. Der Garten, um 1780 neu gestaltet mit einem offenen Theater, mit Wasserspielen, Statuen und einem Labyrinth, besaß schon am Ende des 18. Jahrhunderts eine große Berühmtheit und zählt noch heute zu den schönsten Gartenanlagen Italiens.

Bekanntgeworden ist Collodi letztlich jedoch weniger wegen des Gartens und der Villa als vielmehr wegen des Schriftstellers Carlo Lorenzini (1826–1890), der zwar in Florenz geboren wurde, lebte und starb, der sich jedoch nach dem Geburtsort seiner Mutter Collodi nannte und unter diesem Pseudonym die Geschichte von Pinocchio, dem »Holzbengele«, verfaßte.

Aus einem Holzscheit schnitzt der arme Geppetto einen Hampelmann mit großer Nase – aber auch mit beweglichen Beinen, auf denen die Puppe sofort wegläuft. Viele Abenteuer hat der Kleine zu bestehen; stets faßt er gute Vorsätze, die er aber im nächsten Moment schon wieder vergißt. Durch Neugier, Ungehorsam und Leichtsinn gerät er so in ein Kasperletheater, in ein Fangeisen und in den Bauch eines Wals, er soll verbrannt werden und wird in einen Esel verwandelt, der im Zirkus auftritt. Letzten Endes helfen ihm jedoch die Tiere und eine schöne, gute Fee mit blonden Haaren immer wieder aus der Bedrängnis.

Im Bauch des Wals trifft er seinen alten Vater wieder, und nachdem sich beide – die Puppe und ihr Schnitzer – retten können und Pinocchio daraufhin fleißig zu lernen und regelmäßig zu arbeiten beginnt, wird er von der Fee belohnt: Er erwacht als lebendiger Junge.

Auch wenn der Text nicht frei ist von sentimentalen Zügen, so ist er doch in Italien wie in Deutschland eines der erfolgreichsten, über Generationen hinweg immer wieder gern gelesenen Jugendbücher geworden.

Weniger bekannt ist die Biographie seines Autors: Collodi, aus ärmsten Verhältnissen stammend, war einer der engagiertesten Journalisten im Kampf gegen die Herrschaft der Österreicher in Italien, gegen die er schon in den Aufständen von 1848 kämpfte. Nach ihrem endgültigen Rückzug aus der Toskana (1859) wurde er einer der höchsten Beamten der neuen Regierung, zuständig für das Theaterwesen. »Le avventure di Pinocchio« (»Pinocchios Abenteuer«) schrieb er allerdings erst 1881, nach seiner Pensionierung. In dem Ort Collodi erinnert an diesen Hintergrund wenig: Dort gibt es heute nur einen »Pinocchio-Park« mit nachgestellten Szenen aus dem Leben der Holzpuppe.

Oben: Pinocchio in einer Walt-Disney-Verfilmung.
Unten: Die Villa Garzoni in Collodi.

Bei Mucigliani, südöstlich von Siena. Zypressenreihen dienen als Feldgrenze und krönen sanfte Hügel.

Sonnenblumenfeld in der südlichen Toskana. Diese Pflanze wurde erst in den letzten Jahren als Öllieferant eingeführt.

Zwischen Asciana und Siena. Junge Sandsteine, Mergel und Schiefer bilden die Hügelzüge und stehen mit ihren Farben im Kontrast zum saftigen Grün der Wiesen und Felder.

In Boccaccios Novellen spiegelt sich aber auch das Wirtschaftsleben der Zeit: Der Zufall ist es, von dem beim Handel enorm viel abhängt. Ob ein Schiff, auf dem das gesamte Vermögen seines Handelsherrn transportiert wird, untergeht oder nicht, kann man nicht berechnen und nicht beeinflussen. Im einen Fall ist er ruiniert, im anderen kann sich sein Vermögen vervielfacht haben. So spielt der Zufall auch in den Novellen eine besondere Rolle, genauso wie die solide Information und die Bereitschaft zum Betrug. Auf illegalem, aber durchaus anerkanntem Weg ergaunert sich in ihnen (neben Boccaccio vor allem bei dem ebenfalls aus Florenz stammenden Zeitgenossen Franco Sacchetti) das Individuum sein Recht.

Der schwierige Weg in die Gegenwart

Es gehört zum Schicksal der Toskana, daß ihre Geschichte im öffentlichen Bewußtsein irgendwann im 16. Jahrhundert gleichsam steckengeblieben ist und daß dem Besucher heute das Pestjahr 1348 oder die Geschichte der Medici im Zweifelsfall präsenter sind als die Landwirtschaftsprobleme und die Flucht der Bevölkerung aus den Dörfern, die deutsche Besetzung der Region 1943/44 mit ihren erbitterten Kämpfen bei Pisa und Carrara ebenso wie bei Arezzo und Val d'Elsa, oder die Hochwasserkatastrophe von 1966, die zahlreiche Orte am Arno unter Wasser setzte und in Florenz irreparable Schäden vor allem auch an Kunstwerken verursacht hat; in der Nationalbibliothek arbeitet noch heute ein Expertenteam daran, die wertvollsten der damals betroffenen Bände von den Wasserschäden und Schlammresten zu befreien.

Eine späte Blüte erlebte die Region noch einmal gegen Ende des 18. Jahrhunderts, als das Großherzogtum Toskana unter den Habsburgern – vor allem unter Peter Leopold, dem dritten Sohn Maria Theresias – für kurze Zeit zu einem der Musterstaaten der europäischen Aufklärung wurde. Der Großherzog förderte den Handel und das Manufakturwesen, ließ neue Straßen anlegen und reformierte das Steuersystem. Unter dem Einfluß des Mailänder Rechtsgelehrten Cesare Beccaria war die Toskana das erste Land der Welt, in dem die Todesstrafe abgeschafft wurde – wenngleich man sie einige Jahre später wieder einführte. Peter Leopold war auch selbst an den Wissenschaften interessiert, die er förderte; seinen «Banco Chimico», den Arbeitstisch für chemische Experimente, kann man noch heute im Museum für Wissenschaftsgeschichte in Florenz besichtigen.

Schafherde in den Crete, südöstlich von Siena. Aus Schafsmilch wird vorzüglicher Käse hergestellt: Ricotta, der bei Tortelli nicht fehlen darf, und Pecorino, der in drei verschiedenen Reifegraden angeboten wird.

Insgesamt verlor die Toskana jedoch an Bedeutung; das bereits erwähnte «mezzadria»-System, das im ausgehenden Mittelalter und in der Renaissance revolutionär gewesen war und das kleinteilige, relativ wohlhabende und gartenähnliche Landwirtschaftssystem der Toskana geschaffen hatte, hat im 19. Jahrhundert und bis in die Gegenwart hinein auch einen Großteil ihrer dringendsten Probleme verursacht. Die sozialen Kämpfe um die Bodenreform, zuletzt 1949 blutig ausgetragen, haben hier ihren Ursprung. Die kleinen Besitztümer, die nicht mehr konkurrenzfähig waren auf einem sich stetig vergrößernden europäischen Markt, mußten entweder aufgeben oder in große, die traditionellen Anbaustrukturen zerstörende landwirtschaftliche Fabriken umgewandelt werden. Die ohnehin stark zurückgegangene Zahl der in der Landwirtschaft Beschäftigten hat sich zwischen 1960 und 1980 noch einmal mehr als halbiert und liegt jetzt nur noch bei etwa fünf Prozent der Bevölkerung; die Ursache dafür, daß die Bauernhäuser der Toskana von Ausländern als Urlaubsdomizil aufgekauft werden, ist auch im Wegzug der ehemaligen Bewohner in die städtischen Zentren zu suchen, wo sie als Angestellte weit bessere Verdienstmöglichkeiten haben. Das ehemals kleine und beschauliche Poggibonsi (aber auch Prato, Volterra oder Arezzo) ist heute eine schnell wachsende Industriestadt, die mittlerweile zwischen den Hügeln die Errichtung der ersten Hochhäuser zugelassen hat. Die Probleme der Gegenwart machen vor dem «Garten Europas» und seinen alten Städten, in denen ein Gutteil europäischer Kultur entstanden ist, nicht halt.

Wie in früheren Zeiten wird auch heute noch der Esel als Transportmittel beim Einholen des Strohs benutzt.

Pitigliano, eine ehemalige Etruskerstadt in der südlichen Toskana, scheint direkt aus dem Tuffelsen gewachsen, auf dem es steht.

EINE LANDSCHAFT WIE EIN TRAUM

Toskanische Reiseskizzen

Den Zauber der Landschaft schildern Ippolito Nievo und der Reiseschriftsteller Laurie Lee; über das einzigartige Licht der Toskana schreibt Robert Gernhardt, und vom Tourismus unserer Tage erzählt Elisabeth Plessen. Die Beschreibungen von den stolzen, einst rivalisierenden Städten Pisa und Siena von Hippolyte Taine und Max Frisch schließen diesen literarischen Streifzug durch die Toskana ab.

Kannte die Begeisterung kein Maß

Ich machte mich von Bologna aus zu Fuß auf den Weg über den Apennin. Es war eine paradiesisch schöne Wanderung. Als ich sodann nach Pratolino kam, wo das Auge auf die Toscana hinabschaut, kannte meine Begeisterung kein Maß; am liebsten hätte ich, wäre ich nur dazu fähig gewesen, einen Lobgesang angestimmt wie Moses im Anblick des Landes Kanaan. Wie bist du, mein Vaterland, schön, wie bist du groß in jedem deiner Teile! … Wo dich auch die leiblichen Augen schauen mögen, an den hafenreichen Gestaden der Meere, im unermeßlichen Grün der Ebenen, in den kühl schattenden Wäldern der Hügel, von den in zartem Blau schimmernden Gipfeln des Apennins bis zu den schneeglänzenden der Alpen, überall spüren wir dein Lächeln und deinen Zauber. Und wo auch der Geist Umschau hält nach deinem Ruhm, in den unvergänglichen Büchern der Geschichte, in der beredten Größe der Bauwerke, in der Dankbarkeit, die bei den Völkern für dich lebt – immer erscheinst du hehr und weise, in königlicher Herrschergewalt.

IPPOLITO NIEVO (1831–1861) erzählt in seinem 1867 posthum erschienenen autobiographischen Roman «Die Bekenntnisse eines Achtzigjährigen» von der überschwenglichen Begeisterung, die er empfand, als er durch die toskanische Landschaft wanderte.

Wunden in einem funkelnden Land

Ich befand mich hoch oben in einer verlassenen Gegend, und ringsum blickte man weit ins funkelnde Land. Überall wuchs wilder Weizen und ließ seine zarten bleichen Halme hängen. Die Sonne am Himmel war ohne Erbarmen. Ich stieg hinab in ein eichenbestandenes Tal, vorüber an melancholischen verschlossenen Bauernhäusern, pockennarbig von Granateinschlägen, über kaputte Brücken, die man mit Baumstämmen gestützt hatte. Dies ist ein Land der kaputten Brücken, und fast jedes Haus hat seine Wunde. All diese Täler herauf fraß sich der lange Krieg seinen zerfetzenden Weg, er sprengte bedächtig, riß gleichgültig Dächer ab, eggte das Antlitz des Landes, als wäre eine Eiszeit darüber hinweggegangen. Die gleiche Tragödie spürt man in diesen zerschossenen Gehöften, in den Maschinengewehrnarben an den Kirchhofsmauern. In aller Stille hitzig begangener Mord, während die Hilfe jenseits des Berges steckenblieb und so selten zur rechten Zeit kam. Keine sauber geplanten Hollywoodträume, sondern die Zufallswahrheit des Kriegs.

Auf dem Talgrund fand ich einen grünen Fluß und badete darin. Zwischen den Kieseln schwamm Seifenschaum heran von einer Frau, die flußaufwärts ihre Wäsche wusch, und am Ufer entlang gingen Kinder in weißen Kitteln, adrett wie kleine Engel, auf ihrem Weg zur Schule.

Auf dieser Straße begegnete ich einer riesigen Schafherde, die ein Schäfer im langen Mantel und ein Hund mit wilden Augen begleiteten. Die Schafe klingelten mit Glöckchen. Ihre Hufe trommelten im Staub wie ein Platzregen. Ab und zu drängte sich auch ein Widder vorbei, den Kopf gesenkt unter der gewundenen Last der Hörner. Und ein einzelnes außergewöhnliches Schaf fiel mir auf – war es ein Maskottchen oder ein geheimnisvolles Symbol? –, dem man auf die geschorene Haut kunstvoll ein Kruzifix und eine scharlachrote Wappenlilie tätowiert hatte.

Hier stand auch zwischen den Weizenfeldern ein kunstloses Denkmal zur Erinnerung an einen jungen Mann, der 1899 an dieser Stelle ermordet worden war.

Am Bootshafen von Livorno. Im Hintergrund die 1521 von Antonio da Sangallo, einem berühmten Renaissancebaumeister, entworfene Alte Festung.

Lebensmittelmarkt in Florenz. Für die Florentiner ist es selbstverständlich, Obst und Gemüse frisch und nach vorheriger Prüfung zu kaufen; für ausländische Besucher sind die offenen Märkte mit den Genüssen der Region ein besonderer Augenschmaus.

Ein Kreuz am Wege, mit Blumen und Schädeln geschmückt und mit einer Aufschrift, die die Untat beklagte. Und nicht weit davon ein munterer Straßenarbeiter in leuchtender, mit Sternen und Rosen bestickter Weste, der die Hecke beschnitt.

An jenem Morgen kam ich um neun Uhr dreißig nach Greve, einem Städtchen, das nach reinem Weine roch. Die Ringmauern waren durch Sprengungen zerstört, aber drinnen fand sich eine alte Piazza, still und von Bogengängen umgeben wie ein Klosterhof. Hier rastete ich und nahm ein spätes Frühstück zu mir, während eine Frau einen Verkaufsstand mit Kirschen herrichtete und ein Hund an einer Schlangenhaut auf der Straße schnupperte. Sonst war niemand zu sehen.

1975 veröffentlichte der englische Schriftsteller LAURIE LEE (geboren 1914) Reise-Impressionen aus zwei Jahrzehnten. Seine Wanderung durch die Toskana machte er wenige Jahre nach dem Zweiten Weltkrieg: Noch zeigt das bezaubernde, funkelnde Land seine Narben …

Vom toskanischen Licht

Du stehst das erstemal auf der Piazza eines toscanischen Städtchens? Dich verwirrt das fremdartige Treiben zur allabendlichen Stunde des Corso? Du weißt gar nicht, wohin du deinen Blick zuerst lenken sollst – auf die bewegte Menge, die unablässig, doch ohne erkennbare Absicht an dir vorbeidefiliert, auf den mit verwitterten Wappen geschmückten, breit hingelagerten Palazzo Comunale oder auf die von silbrigen Olivenbäumen gesäumte Hügelkette, die hier und da zwischen den mittelalterlichen Häusern aufleuchtet? Vertraue dich einem Führer an, der schon seit Jarhtausenden den Fremden aus dem Norden durch die anfangs labyrinthisch erscheinende Welt des Südens geleitet hat –: folge dem Licht.

Noch vor fünf Stunden ist es gleich einem gleißenden Sturzbach senkrecht in die engen Gassen eingefallen, hat die Menschen mit glühendem Atem in die verdunkelten Zimmer gescheucht, damit es unumschränkt auf leeren Straßen und grellen Plätzen herrsche, das grausame Licht des mezzogiorno. Doch siehe, nun ist es milde geworden. Jetzt streichelt es die schrundigen Wände, die unter seiner Berührung aufglühen und schön werden. Jetzt verklärt es den Sandsteinlöwen, der seit Jahrhunderten das Stadtwappen umklammert hält, gibt seinem klagenden Gesicht Relief und dem Sockel, auf den er gebannt ist, Rundung und einen langen, langen Schatten, der rotblau die Piazza zerschnei-

Auf der Piazza Santa Croce in Florenz veranstalten die Bürger des Viertels von jeher ihre Feste und Umzüge – und manchmal auch Fußballspiele. Im Hintergrund die Franziskanerkirche aus dem 13./14. Jahrhundert.

det. Jetzt stürzt das Licht nicht mehr, es hüpft. Springt leichtfüßig von Stein zu Stein, von Ding zu Ding, von Mensch zu Mensch.

Ja, auch die Menschen suchen nun wieder das Licht, und das Licht sucht sie. Doch keine Heimsuchung ist es dem Menschen mehr, kein Feind, dem es zu entkommen gilt, jetzt ist es ein zärtlicher Bildhauer, der jedem Körper mit unendlicher Sorgfalt Plastik und Gewicht verleiht, der keine Locke übersieht und keine Falte vernachlässigt.

So hat bereits vor nunmehr über fünfhundert Jahren der berühmteste Sohn dieses Städtchens die Menschen gesehen, der Maler Masaccio. Und so hat er sie in der kurzen Zeit, die ihm zu malen bestimmt war, an den Wänden der Brancacci-Kapelle der Kirche Santa Carmine zu Florenz verewigt, gewichtig und körperhaft, durch und durch irdische Gestalten auch dann, wenn sie Heilige, ja den Gottessohn selber darstellen sollen. Mit Masaccio erst begann recht eigentlich das, was wir als Renaissance zu bezeichnen gewohnt sind, dieser folgenreichste und immer noch weiterwirkende Versuch, den Leib zu vergöttlichen und den Gott zu verleiben. Von ihm lernte der so viel jüngere Michelangelo, der in der Brancacci-Kapelle die Figuren des Masaccio kopierte und, glaubt man seinem Biographen Giorgio Vasari, an eben diesem Ort für sein Leben verunstaltet wurde, als er mit seinem Kollegen Torrigiano, der die Bedeutung Masaccios angezweifelt hatte, dergestalt handgreiflich wurde, daß ihm dieser das Nasenbein zerschmetterte. Michelangelo, der auch noch miterleben mußte, wie dem, was wir uns Renaissance zu nennen gewöhnt haben, übermächtige Gegner erstanden, wie die Büßerkutte des Dominikanermönches Savonarola, die Rauchschwaden des Sacco di Roma und der über die Alpen fallende Schatten des deutschen Reformators den Glanz, der von der Toscana aus ganz Europa überstrahlt hatte, scheinbar für immer verdunkelten.

Doch von alledem weiß das Licht nichts, das an diesem Sommerabend des Jahres 1980 die Kontur des Palazzo Comunale in flutendes Gold faßt, so, wie vor fünfhundert Jahren, so, als habe es dazwischen nie Jahrhunderte der Dunkelheit gegeben. Nie die Gegenreformation und nie den finsteren Pomp des spanischen Hofzeremoniells, der die Farbenpracht dessen, was wir gewöhnlich Renaissance nennen, in Schwarz ertränkte, wie ein strenger Frost die allzufrühe Blüte auslöscht. Doch das toscanische Licht hat niemand verdunkeln können. Sieh, wie es hüpfend alle menschliche Geschichte in einem zeitlosen Jetzt aufleuchten läßt –: folge dem Licht!

Das Licht macht keine Unterschiede. Es vergoldet den Palazzo di Arnolfo ebenso wie Rinas kleines Frisörlädchen, es entstofflicht das Centro moda giovane mit derselben Leuchtkraft, die es der Johannes dem Täufer geweihten Pieve di San Giovanni Battista zuwendet – ist es ein Zufall, daß in dieser Landschaft die ersten nachantiken Republiken entstanden, hier, wo vor dem Licht alle gleich sind, gleich verklärt?

Auch den Maler, Lyriker und Satiriker ROBERT GERNHARDT zog es in die Beschaulichkeit eines Bauernhofes in der Toskana: Ein Trend, der bis heute anhält. Doch Gernhardt wäre nicht Gernhardt, wenn er nicht auch diese modische Italiensehnsucht ironisierte: scharf, satirisch in seiner Farce «Die Toskana-Therapie» (1986), milde in seinem Roman «Ich Ich Ich» (1982), wenn er über das dortige Licht schreibt.

Die zerstörte Idylle

Das Haus lag in den Hügeln oberhalb Luccas. Wenn Luise von Kai und ihr Freund Max Fischer gegen Abend nach Lucca fuhren, ihre Einkäufe erledigt hatten und durch die Straßen bummelten, kam die Stadt Luise vor wie ein großer Bazar, so glitzernd und bunt. Die hohen engen Straßen, warm von Laternenlicht beleuchtet, wimmelten von Menschen. In den Bars und Cafés traf man sich, auf der Piazza San Michele auf den Marmorstufen gegenüber den Banken, die alte Stadtpalazzi waren, auf der Piazza Napoleone, dem großen Parkplatz, wo der Motorradtreff war und die Buden für Zukkerzeug, Gürtel, Jeans und Taschen standen. Alle Welt schwatzte, saß auf Hausvorsprüngen in langer Reihe zuschauend, wie die anderen in den Hauptstraßen promenierten oder es im Gedränge schiebend versuchten; viele junge Leute darunter, Menschen, die wie eine große Schulklasse oder Familie waren, und Max und Luise schoben sich mit.

«Genug?» sagte dann Max und wich in eine Seitenstraße aus.

«Schon zuviel?»

«Ich halt's nicht mehr aus. Was man liebt», spöttelte er, «darf man nicht strapazieren. Sonst bleibt es nicht. So geht es mir mit Lucca [...]. Laß uns nach Hause fahren, schnell wieder auf unseren Berg.» [...]

Luise ging mittags in der Sonne nach Forci hinunter und sah zum ersten Mal die Villa von der Stelle aus, an der die Straße eine weite Biegung nach rechts machte, ihrem Ausblick auf Lucca, ihrem täglichen Kiek ut, weil die Bäume, die sie sonst versteckten, ihre Blätter verloren hatten, und sie war überrascht von der perspektivischen Verschiebung. Fuhr man auf der Straße an ihr vorbei, war sie hinter einer hohen Mauer verborgen. Wirklich sehen ließ sie sich erst, wenn man schon weit an ihr vorbei war, aus der Entfernung, wenn man sich zurückwandte oder, von Lucca heraufkommend, sie auf der anderen Seite des großen Tals, an deren Seite sich die Straße heraufwand, vor sich hatte. Hoch am Hang lag sie dann, grazil und hell, ein Kunstwerk, siebenbögig, von hohen Zypressen umstanden, und ein terrassierter Garten breitete sich vor ihr aus ins Tal. Sie wurde von vier großen Hunden, die frei liefen, bewacht. Luise sah seitlich auf die sieben hellen, ockergelben Bögen der Terrasse. Forci, die Villa, die sich Montaigne angeschaut haben mochte, im Sommer 1581 in der größten Augusthitze, in der knuffenden, brütenden Sonne, in der selbst Hunde sich hechelnd verkrochen, als er zur Kur in den Bagni di Lucca mit Freunden eine Sight-Seeing-Tour zu luccesischen Landhäusern machte.

Sie stand zwischen den Bäumen. Montaigne war hier! [...]

Luise sah auf Lucca hinunter. Im Tal weiß zugedeckt lag es, in Dunst verschwunden. Nicht das kleinste, schwächste Anzeichen eines seiner Türme. Gegenüber schwebte der Gebirgszug aus dem Dunst hervor, plan und taubenblau, ein paar Wolken darüber. Linkerhand verschwammen hinter den Hügeln Himmel und Dunst. In der Nacht zuvor, als sie den Weg bis zu ihrem Ausguck gegangen war, [...] stand der Mond über der Ebene, und die Lichter der Stadt waren zu sehen wie immer nachts. Das war das einzige Stetige bei den ständigen Wetterwechseln: morgens war die Stadt verschwunden, man ahnte sie nicht einmal, und nachts leuchteten ihre Lichter herauf.

Vom Zweitwohnsitz in der Toskana und dem Überdruß des vermeintlich schon Heimischgewordenen über die Touristen, die die Gassen verstopfen ... und vom doch so versöhnlichen weiten Blick über die Zypressenhügel berichtet ein Auszug aus ELISABETH PLESSENS Toskana-Roman «Stella Polare» (1984).

Pisa – feste Formen, Kuppeln, volle Mauern

Es gibt zwei Pisa; das eine, in welchem man sich seit dem Verfall gelangweilt und wie in der Provinz stumpf dahingelebt hat, umfaßt die ganze Stadt, mit Ausnahme eines abgelegenen Winkels; dieser Winkel ist das andere, ein Grab aus Marmor, in welchem der Dom, das Baptisterium, der schiefe Turm und der Campo Santo schweigend ruhen wie schöne, tote Wesen. Hier ist das wahre Pisa, und in diesen Reliquien eines verloschenen Lebens wird man eine ganze Welt gewahr.

Eine Wiedergeburt vor der Wiedergeburt, ein zweiter fast antiker Trieb der antiken Zivilisation, ein frühreifes, vollkommenes Gefühl für die gesunde und glückliche Schönheit, ein Frühling nach einem ewigen

Blick vom Piazzale Michelangelo in Florenz auf Arno und Brükken; in der Bildmitte der Ponte Vecchio, die berühmteste und älteste unter ihnen. Ab dem 13. Jahrhundert entstanden auf der Brücke Läden und Wohnungen. Die früheren Fleischergeschäfte mußten allerdings wegen ihres schlechten Geruches den Gold- und Silberschmieden weichen.

Blick vom Piazzale Michelangelo über Florenz und auf den Dom.

Die Skulptur »Der Raub der Sabinerinnen«, 1559 von Giambologna geschaffen, in der Loggia dei Lanzi in Florenz. Die mit Arkaden versehene Halle diente ursprünglich den begüterten Familien der Stadt als Ort für ihre Repräsentationspflichten.

Schnee von sechs Jahrhunderten, das sind die Gedanken und die Worte, welche sich dem Geiste aufdrängen. Alles ist aus Marmor und aus einem weißen Marmor, dessen unbefleckter Strahl in das Blau hinaufleuchtet. Überall große feste Formen, Kuppeln, volle Mauern, ausgeglichene Stockwerke und feste, runde oder viereckige Fundamente; aber über diese erneuerten Formen der Antike haben sie, wie zartes Laub auf einem alten wieder grünenden Baumstamm, ihre eigene Erfindung gebreitet: eine Bekleidung aus zierlichen, von Bogen überragten Säulen, und die Eigenart und Anmut dieses auf solche Weise erneuerten Baustiles läßt sich nicht ausdrücken.

Der französische Historiker HIPPOLYTE TAINE (1828–1893) reiste in den sechziger Jahren des vorigen Jahrhunderts durch Italien. Sein Weg führte ihn auch nach Pisa, in eine der stolzen toskanischen Städte, die sich einst als Stadtstaaten heftig bekämpften.

Siena – Geschichte einer Vermessenheit

Im Schatten sitzend lese ich die Geschichte des Domes, die Geschichte einer Vermessenheit. Siena will den größten aller Dome. Der bisher vorhandene Dom, lese ich, wäre gerade noch als Querschiff verwendet worden. Das neue riesenhafte Längsschiff, das dann nie vollendet worden ist, steht da mit einer Seitenwand, fünf Achsen mit Rundbogen, und mit einer fertigen Stirnwand; dann kommt die Pest, die Siena für etliche Jahrzehnte lähmt, aber nicht von seinem verstiegenen Vorhaben abzubringen vermag. Die Enkel bauen weiter. Das Unbesonnene, das dem Größenwahn eigen ist, zeigt sich, sobald man den Plan genauer prüft; die bereits vorhandene Mittelkuppel und das neue Hauptschiff hätte man nie vereinen können; hinzu kommt, daß die Fundamente sich zur Enkelzeit als ungenügend erweisen, die begonnenen Gewölbe beginnen sich zu spreizen. Man gibt es auf. Das Ergebnis ist wunderbar! Es bleibt ein Platz unter offenem Himmel, aber der Innenraum, der gewollte, ist bereits vorstellbar, man sieht: dieser Raum, der jetzt noch kleiner ist, wäre dem Uferlosen entrissen worden, der Sonne entzogen. Der Raum als Dasein, wie zuvor der Körper des Turmes; nämlich der umgrenzte, der gefaßte und gestaltete Raum, der den unbegrenzten und unfaßbaren erst zur Ahnung bringt.

Im Oktober 1947 war der Schriftsteller MAX FRISCH (1911–1991), der mit ein paar kleineren literarischen Arbeiten bereits bekannt geworden war, in Siena. Seine Tagebuchnotiz über den Dom erschien 1950.

Der Schatten einer Kopie des »David« von Michelangelo vor dem Palazzo Vecchio in Florenz. Das von 1501 bis 1504 geschaffene Original steht seit 1874 in der Akademie der Schönen Künste.

TOSKANA

KLEINER REISEFÜHRER

ALLGEMEINE INFORMATIONEN

Die Toskana ist die fünftgrößte der 20 Regionen Italiens. Sie liegt in Mittelitalien und ist 23 000 Quadratkilometer groß. Die Toskana umfaßt Teile des Apennin, das Toskanische Berg- und Hügelland, die Küstenniederungen der Maremmen und die Inseln des Toskanischen Archipels mit Elba als der größten. Der Waldanteil beträgt 38 Prozent, die Küste am Ligurischen und Tyrrhenischen Meer ist 340 Kilometer lang.

Die Region Toskana ist in neun Provinzen aufgegliedert: Arezzo, Massa e Carrara, Florenz, Grosseto, Livorno, Lucca, Pisa, Pistoia und Siena. Großstädte mit über 100 000 Einwohnern sind Florenz, Livorno, Pisa und Prato.

REISEZEIT

Für Kulturfreunde hat die Toskana das ganze Jahr über Saison. Wer aber neben den Kunstschätzen auch noch die herrliche Landschaft genießen will, der legt seine Reise in den April/Mai oder September/Oktober. Zum Baden im Tyrrhenischen Meer eignen sich die Monate Juli und August am besten, wo es in den Städten sehr heiß ist. Allerdings sind dann die Badeorte sowohl von ausländischen Touristen als auch von italienischen Urlaubern überlaufen. Für kulinarische Feinschmekker bietet sich der Herbst als Reisezeit an, wenn der Wein und die Kastanien geerntet werden und die Jagdsaison eröffnet wird.

AUSKUNFT

Fast jede größere Stadt verfügt über ein Touristenbüro, das im allgemeinen werktags bis 13 oder 14 Uhr geöffnet ist

ÜBERNACHTEN IN PALÄSTEN, VILLEN UND KLÖSTERN

Die Tatsache, daß immer mehr Adelige ihre Schlösser einer vermögenden Publikumsschicht zu stilvollem Wohnen öffnen, um mit diesen Einnahmen die gewaltigen Unterhaltskosten der jahrhundertealten Ansitze abzudecken, hat die Liste von noblen Quartieren so anwachsen lassen, daß die Region Toskana unlängst ein Faltblatt («Alberghi in Edifici di Interesse Storico e Artistico») herausgegeben hat. Aber nicht nur in Burgen und Schlössern kann der anspruchsvolle Toskana-Besucher logieren, auch Patrizierpaläste in den Kunststädten und sogar Klöster wurden in Hotels umgewandelt. Im folgenden werden einige der schönsten genannt.

Historisches Ambiente vermitteln in *Castellina in Chianti* (23 Kilometer nördlich von Siena) die *Villa Casalecchi* und der Herrensitz *Tenuta di Ricavo*, in *Colonnata* (zwischen Florenz und Prato) die *Villa Villoresi* und in *Eremo di Sant'Egidio* (elf Kilometer nordöstlich von Cortona in 949 Metern Höhe) die *Villa Guglielmesca*.

Als nobelste und teuerste Herberge der Toskana gilt die *Villa San Michele* in *Fiesole*, Via Doccia 4, ein ehemaliges Franziskanerkloster aus dem 15. Jahrhundert.

In *Florenz* ist das *Hotel Porta Rossa* (zwei Minuten vom Palazzo Vecchio entfernt) im alten gediegenen Grandhotelstil die älteste, seit dem 14. Jahrhundert bezeugte Herberge der Stadt. Das antik ausgestattete Hotel *Loggiato dei Serviti*, Piazza SS. Annunciata 3, war früher ein Servitenkloster. Das Hotel *Brunelleschi*, Piazza S. Elisabetta 3, ist ein Bilderbuch der Kunstgeschichte: es vereint Reste einer römischen Thermenanlage mit einem Turm aus byzantinischer Zeit und Mauern der langobardischen Kirche S. Michele und ist im Jugendstil eingerichtet; ein Restaurant ist angeschlossen. In einem Renaissancepalazzo befindet sich das gepflegte Hotel *Mona Lisa*, Borgo Pinti 27. Wenn auch nicht so alt, aber dennoch bereits historisch sind die beiden Florentiner Grandhotels *Excelsior* und *Torre di Bellosguardo*, mit allem Pomp des späten 19. Jahrhunderts und Traumblick ausgestattet. Etwas außerhalb liegt die herrliche *Villa Le Rondini* aus dem 16. Jahrhundert inmitten eines großen Parks mit Blick auf Florenz und das Arnotal, Via Bolognese Vecchia 224.

Der Name des feudal-luxuriösen Hotels *Villa La Principessa* in *Massa Pisana*, bei Lucca, SS. del Brennero 1616, rührt von Napoleons Schwester Elisa her, die hier 1805 logierte. Im historischen Stadtkern von Lucca liegt das Hotel *Universo*, Piazza Puccini 1.

Das *Grand Hotel e la Pace* in *Montecatini*, Via della Torretta 1/A, gehört zu den schönsten Hotels weltweit. Es liegt in einem 20 000 Quadratmeter großen Park, weist eine illustre Gästeliste auf und wurde von Galileo Chini, einem Hauptmeister des italienischen Jugendstils (der in Italien übrigens «Liberty» genannt wird) ausgestattet.

Direkt am Arno liegt in *Pisa* das *Grande Albergo Royal Victoria*, das zu vielen berühmten Gästen auch die namengebende englische Queen zählen kann. Nicht historisch, aber zentral gelegen und relativ preisgünstig ist das Hotel-Restaurant «Arno» hinter dem Museo S. Matteo. Klassisch wird es dagegen wieder in der *Villa di Corliano* in *San Giuliano Terme* bei Pisa, einem malerischen Landsitz aus dem 16. Jahrhundert mit wertvoller Inneneinrichtung.

Das *Albergo il Convento* in *Pistoia* war, wie der Name schon sagt, früher ein Kloster und liegt mitten im Wald an der Via S. Quirico 33.

Über die Grenzen von *San Gimignano* hinaus ist das historische Hotel *La Cisterna* (in einem Palazzo des 13. Jahrhunderts) mit seinem Restaurant «Le Terrazze» bekannt und beliebt.

Das ausgefallenste Interieur bietet das Schloßhotel *Castello di Sammezzano* in *Reggello-Leccio* (bei Vallombrosa östlich von Florenz). Das Gebäude war ursprünglich eine Festung, die im Jahr 800 Karl den Großen beherbergte, und wurde im 17. Jahrhundert zu einer Villa umgebaut. Sie liegt in einer der größten toskanischen Parkanlagen und verbreitet im Inneren mit einem atemberaubenden Foyer und Zimmern im maurischen Stil Tausendundeine-Nacht-Atmosphäre.

Fürstlich nächtigen kann man in *Siena* im *Palazzo Ravizza*, Pian dei Mantinelli 34, aus dem 17. Jahrhundert mit museal eingerichteten Zimmern. Ein historischer Bau mit schönem Garten ist die *Villa Scacciapensieri* nahe dem Kloster Osservanza, Via di Scacciapensieri 24 (November bis März geschlossen). Nur 14 Zimmer in den ehemaligen Mönchshäuschen besitzt *La Certosa di Maggiano*, ein 1314 erbautes Kartäuserkloster bei der Porta Romana, Via di Certosa 82, das 1975 behutsam und mit viel Einfühlungsvermögen zum Hotel umfunktioniert wurde.

Bei *Gaiole* in Chianti liegt das 800 Jahre alte *Castello di Spaltenna* mit einem sehr schönen Arkadenhof und einem historischen Restaurant im Rittersaal.

(manche auch nachmittags). Die Anschriften der Informationsstellen in den neun Provinzhauptstädten:

Arezzo: Piazza Risorgimento 116
(9–12.30, 16–18 Uhr);
Carrara: Piazza 2 Giugno 14
(8–13, 15–18 Uhr);
Florenz: Via Alessandro Manzoni 16
(8–14, 16–18.30 Uhr);
Grosseto: Via Monterosa 206
(8–14 Uhr);
Livorno: Piazza Cavour 6
(8–13 Uhr);
Lucca: Piazza Guidiccioni 2
(10–12 Uhr);
Pisa: Lungarno Mediceo 42
(9–12.30 Uhr);
Pistoia: Corso Gramsci 110
(10–12, 15–17.30 Uhr);
Siena: Via di Città 5
(8.30–13.30 Uhr).

ANREISE

Das Eisenbahn- und Straßennetz der Toskana ist dicht. Mit dem *Auto* erreicht man die Toskana entweder auf der Autobahn A22 über Bozen, Verona, Modena oder auf der A1 ab Mailand in Richtung Modena. Eine Alternative ist die A7 von Mailand nach Genua und dann auf die A12 von Genua nach Pisa und Livorno. Eine weitere Variante: A1 von Mailand nach Parma, von dort auf der A15 über den Apennin nach La Spezia und weiter auf die A12. Ab Viareggio gibt es die Querverbindung A11 über Lucca nach Florenz. Italienische Autobahnen sind bis auf wenige Teilstrecken gebührenpflichtig. Die toskanischen Provinzhauptstadte liegen an italienischen *Haupteisenbahnlinien* und haben damit direkten Anschluß ans europäische Schienennetz. Einen *Buslinienverkehr* in die Toskana gibt es nicht. *Internationale Flughäfen* der Toskana sind der Aeroporto Galileo Galilei in Pisa und der Aeroporto Leonardo da Vinci in Florenz. Gute Flugverbindungen bestehen auch über Mailand nach Pisa.
Zur Insel Elba gibt es mehrmals täglich *Schiffsverbindungen* (auch Autotransport) von Piombino und Livorno aus. Von Porto S. Stefano auf der Halbinsel Monte Argentario verkehren täglich die Fähren zur Isola del Giglio. Von Giglio aus gibt es einmal täglich eine Fährverbindung zur Isola di Giannutri. Die Einschiffung zur Isola di Capraia erfolgt von Livorno aus.

ÖFFNUNGSZEITEN

Die Öffnungszeiten von Geschäften werden in Italien oft flexibel gehandhabt. Üblicherweise haben sie von Montag–Freitag von 8.30–12.30 Uhr und 15.30–19.30 Uhr geöffnet (im Sommer von 16–20 Uhr) und Samstag nachmittag und Sonntag geschlossen. In Touristenorten an der Küste haben jedoch die Läden meist bis spät abends auf. Die Banken sind von Montag–Freitag von 8.30–13.30 Uhr geöffnet. Da die Öffnungszeiten der italienischen Museen sehr unzuverlässig und häufig wegen Personalmangel, Streik oder Restaurierungsmaßnahmen verkürzt sind, ist es am besten, sich vor Ort zu informieren. Viele Museen sind nur vormittags geöffnet (werktags 9–14, sonntags 9–13 Uhr). Bei den ganztägig geöffneten muß man eine dreistündige Mittagspause, meist von 12–15 Uhr, einplanen. Im Winter reduzieren sich die Öffnungszeiten häufig um je eine Stunde am Morgen und am Nachmittag. Die meisten Kirchen sind von 8/8.30–12 Uhr und von 15/15.30–17.30/18 Uhr geöffnet, im Sommer auch länger.

EINKAUFEN

Florenz ist bekannt für seine Lederwaren. Schmuck findet man vor allem auf dem Ponte Vecchio. Antiquitätengeschäfte sind in der Via Maggio, Via dei Fossi und Via Borgognissanti. Korbwaren und Kunsthandwerk werden wochentags auf dem »Mercato del Porcellino« in der Loggia del Mercato Nuovo angeboten. Auf dem »Mercato di S. Lorenzo« erhält man Lebensmittel, Kleidung und Florentiner Handwerk. Eine relativ günstige Einkaufsstadt für modische Kleidung, Taschen, Schuhe, Kupferreliefarbeiten und Schmiedehandwerk ist *Pistoia*. Alabasterprodukte sollte man in *Volterra* kaufen, Terrakotta in *Impruneta*. Repliken etruskischer Schmuckgegenstände gibt es bei »Arte Etrusca« in *Massa Marittima*, Vicolo Porto. Monatliche Antiquitätenmärkte finden in Arezzo, Carrara, Fiesole, Florenz, Lucca, Pisa, Pistoia und Viareggio statt; in Livorno täglich außer Sonntag und Montag vormittags der »Mercantino americano« (Piazza 20 Settembre). Der größte Blumenmarkt der Toskana findet in *Pescia* statt.

Antiquitätenmärkte finden fast in allen größeren Städten statt.

RESTAURANTS

Unsere Auswahl berücksichtigt vornehmlich Restaurants mit historischem Ambiente und unverfälschtem «Lokalkolorit»:

Arezzo: In einem mittelalterlichen Palast ist das Restaurant *Buca di S. Francesco* untergebracht; empfehlenswert ist auch *Il Cantuccio*, Via Madonna del Prato 76.

Oben: Antiquitätenauktion in Florenz.
Unten: Eine der vielen Alabasterwerkstätten in Volterra.

Artimino besitzt zwei erstklassige Restaurants: das bei der Medici-Villa La Ferdinanda situierte *Biagio Pignatta* und das im Ort gelegene *Da Delfina*, von dem aus man eine schöne Aussicht auf das Arnotal hat.
Cortona: *La Loggetta* mit Ziegelgewölben, Piazza Pescheria 3 (Spezialität: Kaninchen und «Bistecca Cortonese»).
Florenz: *Taverna del Bronzino* in alten Kirchengewölben, Via delle Ruote 25/27; *Cibreo*, Via dei Macci 118; *Sostanza*, Via del Porcellana und *Camillo* im Borgo S. Jacopo (typische Florentiner Trattorien); Trattoria *Da Latini*, Via dei Palchetti 6; Weinstube im Palazzo Antinori, Piazza Antinori 3; *Le Cave di Maiano*, Via delle Cave 16 (Landgasthof mit unverfälschter toskanischer Küche, sieben Kilometer vom Zentrum entfernt).
Grosseto: *Enoteca Ombrone*, Viale G. Matteotti 71 und *La Casareccia*, Via Senese 202 (im Stadtteil Poggione).
Livorno: *Barcarola*, Viale Carducci 63 und *La Parmigiana*, Piazza L. Orlando 8/9. In der näheren Umgebung ist das Hotel-Restaurant «Il Romito» in Calignaia zu empfehlen.
Lucca: Ein Restaurant mit 200jähriger Tradition ist *Buca di S. Antonio*, Via della Cervia 1/5; Trattoria *Da Giulio in Pelleria*, Via S. Tommaso 29.
Massa Marittima: *Taverna del Vecchio Borgo* unter mittelalterlichem Backstein-Kellergewölbe, Via Parenti 12.
Montalcino: In der Burg befindet sich die *Enoteca La Fortezza Montalcino*; ferner empfehlenswert *Taverna dei Barbi.*
Montepulciano: Im Schatten der Kirche S. Biagio steht das Lieblingslokal von Hans Werner Henze, *La Grotta.*
Monteriggioni: *Il Pozzo*, traditionsreiches Restaurant in altem Palast, Piazza Roma.
Orbetello: *Cantuccio*, Via Mentana 7; in der Nähe liegt das Fischerdorf Talamone, wo in der Trattoria *Da Flavia*, Piazza IV. Novembre, Fisch köstlich zubereitet wird.
Pisa: *Sergio*, elegantes Ambiente in 1000jährigem Gemäuer, Lungarno Pacinotti 1; Trattoria *Da Bruno* an der Porta Lucca, Via Banchi 12.
San Gimignano: Das Restaurant *Dorando*, Vicolo dell'Oro 2, bietet antike Rezepte der Etrusker und der Renaissance.
Saturnia: Restaurant *I due Cippi da Michele*, Piazza V. Veneto 26 (Spezialität: Wildschweinwürste, gebratener Fasan und Ente, gegrillte Steinpilze).
Siena: Das Restaurant *Al Marsili* im gleichnamigen Palast zwischen Campo und Dom, Via del Castoro 3, besitzt Weinkeller in etruskischen Grabkammern; sehr geschmackvoll in einem mittelalterlichen Turmhaus eingerichtet ist das *Medioevo*, Via dei Rossi 40; unter Backsteingewölben speist man im *Da Guido*, Vicolo Pier Pettinaio 7; die Trattoria *Tullio ai Tre Cristi*, Vicolo Provenzano 1, ist reich mit Gemälden und Zeichnungen dekoriert und bietet Spezialitäten wie «Ribollita», «Risotto fratacchione» (Risotto mit Zwiebeln), «Trippa» (Kutteln) und «Salsicce» (Schweinswürste) an; direkt an der Piazza del Campo ist das Restaurant *Alla Speranza* gelegen.
Sovana: In uralten Gemäuern befindet sich *La Taverna Etrusca*, Piazza Pretorio, wo man einen sehr guten Weißwein der Region genießen kann; dem Restaurant ist ein kleines Hotel angeschlossen.
Viareggio: Mit Antiquitäten angefüllt ist das Restaurant *Baghino*, Via Ugo Foscolo 22; sehr elegant speist man im *Tito del Molo*, Viale Margherita 1, und in dem von Puccini bevorzugten Jugendstilrestaurant *Il Margherita*, Lungomare Margherita 30.
Volterra: Von Einheimischen gerne besucht wird *La Tavernetta*, Via Guarnacci 16 (Spezialität: Wildschweinbraten); auch *Da Beppino*, Via delle Prigioni, ist zu empfehlen.

FESTE UND VERANSTALTUNGEN

Die Toskana ist reich an Festen historischen Ursprungs. Das berühmteste ist wohl der «Palio delle contrade» in *Siena*, der aus einem festlichen Umzug und einem halsbrecherischen Pferderennen auf der Piazza del Campo besteht und alljährlich am 2. Juli und am 16. August Tausende in seinen Bann zieht. Christlicher Tradition dagegen entspringt die Prozession «del Cero» (eine Altarkerze) am 14. August. In *Florenz* spielt man beim «Gioco del Calcio» eine Art Rugby in historischen Kostümen (1. Mai und 24. Juni auf der Piazza S. Croce, auch im Boboli-Garten); «Lo scoppio del carro» (der explodierende Leiterwagen) am Ostersonntag beinhaltet heidnische Mythologien; die «Festa della Rificolone» am 7. September ist ein Laternenumzug. Am ersten Septembersonntag vergnügt man sich in *Arezzo* beim mittelalterlichen Ritterspiel «Giostro del Saracino». Zu Ehren des «Volto Santo», eines langgewandeten Kruzifixes im frühbyzantinischen Stil, der als Gnadenbild im Mittelalter in ganz Europa berühmt war, zieht am 13. September, der «Festa della Santa Croce», eine Lichterprozession durch die

Oben: Karneval in Lucca. Unten: In Tracht gekleidete Mädchen und Jungen aus Marmore.

Straßen von *Lucca*. In *Massa Marittima* feiert man zweimal im Jahr den farbenfrohen «Balestro del Girifalco» (Armbrustschützen und Fahnenschwinger). *Pisa* gedenkt seiner ruhmreichen Vergangenheit als mächtige Seerepublik mit dem Wettstreit «Palio delle antiche Repubbliche Marinare», dem «Gioco del Ponte» und dem historischen Bootsrennen «Regata di San Ranieri» (16./17. Juni), wo allein schon die prächtige Illumination der eindrucksvollen Uferpromenaden einen unvergeßlichen Eindruck hinterläßt. Ein Weinlesefest feiern die Pisaner im September. Mit einem im Juni stattfindenden Umzug in historischen Kostümen erinnert das Städtchen *S. Quirico d'Orcia* daran, daß es im 12. Jahrhundert Sitz eines Statthalters von Kaiser Friedrich Barbarossa war.

Die international bekannteste Musikveranstaltung der Toskana ist der «Maggio Musicale Fiorentino» (Mai/Juni) in *Florenz* mit erstklassigen Opernaufführungen und Konzerten. Liebhaber klassischer Musik werden auch in *Lucca* («Sagra Musicale Lucchese», April–Juni, und «Estate Musicale Lucchese», Juli–September) und *Siena* («Estate Senese», Juli–September, und «Settimana Musicale Senese» im August) auf ihre Kosten kommen. Ein von dem deutschen Komponisten H.W. Henze begründetes Musik- und Theaterfestival ist der «Cantiere Internazionale d'Arte» in *Montepulciano* (Juli/August). Für Opernfreunde ist auch das Opernfestival von *San Gimignano* im Juli/August ein Begriff. In *Arezzo* findet im August ein internationaler Chorwettbewerb statt.

SEHENSWERTE ORTE UND LANDSCHAFTEN

Ziffern im Kreis verweisen auf die Karte auf Seite 48, kursive Ziffern auf Farbabbildungen.

AREZZO ① (92 000 Einwohner). Hauptstadt der gleichnamigen Provinz; im Altertum als *Arretium* eine der wichtigsten etruskischen Städte (das römische Theater aus dem 1. Jahrhundert ist noch erhalten). Geburtsort von Francesco Petrarca (1304–1374), Pietro Aretino (1492–1556) und Giorgio Vasari (1511–1574). Arezzo ist berühmt wegen des *Freskenzyklus* von Piero della Francesca in der gotischen Kirche S. Francesco. S. Domenico besitzt ein kostbares bemaltes Holzkreuz von Cimabue (um 1260). Im romanisch-gotischen Dom die «Arca di S. Donato» und Terrakottastatuen von Andrea della Robbia. An der Piazza Grande, wo monatlich ein großer Antiquitätenmarkt abgehalten wird, stehen repräsentative Paläste und die romanische Kirche Pieve di S. Maria Assunta mit dekorativer Fassade (innen ein Flügelaltar von Pietro Lorenzetti, 1320). Im Kloster S. Bernardo ist das Archäologische Museum untergebracht; ein Museum für Mittelalterliche Kunst ist in der Via San Lorentino 8 (Montag geschlossen). Zwei Kilometer südlich liegt S. Maria delle Grazie mit einem Renaissanceportikus von Benedetto da Maiano (1480). Vielbesuchtes Ausflugsziel ist der *Monte Secchietta* (1450 Meter) beim Kloster *Vallombrosa* (Übernachtung im Kloster nach vorheriger Anmeldung beim Abt möglich).

CAMALDOLI ②. 47 Kilometer nördlich von Arezzo. 1012 gegründetes, stimmungsvoll auf 816 Metern gelegenes Stammkloster des Kamaldulenserordens mit Kunstschätzen aus sieben Jahrhunderten (Kreuzgänge, Apotheke aus dem 16. Jahrhundert, Barockkirche). In 1104 Metern Höhe die Einsiedelei mit 20 Mönchszellen.

CARRARA ③, in den Apuanischen Alpen gelegen mit 70 200 Einwohnern. Seit römischer Zeit Zentrum der Marmorgewinnung und -verarbeitung. Ein Besuch von einem der über 300 Steinbrüche, wie zum Beispiel Colonnata, Fantiscritti und Ravaccione, ist empfehlenswert. Romanisch-gotischer Dom (11.–14. Jahrhundert) mit Marmorfassade und Marmoraltären. Der

Kirche Pieve di S. Maria Assunta (links) und Palazzo della Fraternita in Arezzo.

Palazzo Ducale beherbergt die 1769 gegründete Kunstakademie mit einer Sammlung römischer Funde. In der Nähe bei Marinella di Sarzana die römischen Ausgrabungsstätten von *Luni*.

CASENTINO ④ ist ein ruhiges Erholungsgebiet im oberen Arnotal mit sehenswerten Ortschaften wie *Bibbiena*, *Poppi* und *Soci* (Spezialität: handgewebte Stoffe und Teppiche).

CHIANTI ⑤. Berühmtes Weinanbaugebiet zwischen Val d'Elsa und Valdarno.

CHIUSI ⑥. Der Ort (9000 Einwohner) war eine der größten etruskischen Städte und Zentrum für Grabkeramik; zahlreiche Funde, unter anderem die bekannte Sphinx von Chiusi, im Etruskischen Museum, Via Porsenna 7. Die Nekropolen Tomba della Pellegrina und Tomba del Leone mit ausgemalten Grabkammern aus dem 5. Jahrhundert v. Chr. sind nur mit Führer zu besichtigen (Auskunft im Touristenbüro, Via Petrarca 4). Chiusi wurde wegen Versumpfung der Chiana für Jahrhunderte unbewohnbar. In der Nähe die Thermen von *Chianciano*.

COLLINE METALLIFERE ⑦. Erzhaltige Hügel zwischen Volterra und Massa Marittima.

CORTONA ⑧ (22 000 Einwohner), auf einem Felsvorsprung über dem Val di Chiana gelegenes Städtchen etruskischen Ursprungs. Nekropolen an der Straße nach Arezzo; Etruskisches Museum an der Piazza Luca Signorelli (Montag geschlossen); mehrere mittelalterliche Palazzi. Geburtsort der Maler Luca Signorelli (um 1445–1523) und Pietro da Cortona (1596–1669) und Wirkungsstätte der 1297 hier gestorbenen heiligen Margarete (Wallfahrtskirche). Drei Kilometer südlich ein bedeutender Zentralbau der Renaissance, Madonna del Calcinaio. In Cortona findet jährlich vom 15. August bis 25. September eine Antiquitätenmesse statt.

Der Hafen von Marina di Carrara.

In Cortona. Von der alten Etruskerstadt aus bietet sich ein herrlicher Blick über das Chianatal.

ELBA ⑨ (Provinz Livorno), ist mit 223 Quadratkilometern die größte Insel des Toskanischen Archipels. Der Name leitet

Silhouette von Portoferraio, Hauptort und gleichzeitig Handelszentrum der Insel Elba.

sich vom etruskischen «ilva» (Eisen) ab. Berühmt wurde die Insel durch den zehnmonatigen Aufenthalt Kaiser Napoleons I., der 1814/15 hier im Exil lebte. Hauptort ist *Portoferraio* (12 000 Einwohner), überragt von mächtigen Festungswerken, von denen aus man einen wunderbaren Ausblick hat. Im oberen Stadtteil liegt das Wohnhaus Napoleons, Palazzo Mulini genannt, während man acht Kilometer südlich in S. Martino Napoleons Sommerresidenz mit schönem Park besuchen kann (beide täglich, außer montags, vormittags geöffnet). Elba ist wegen des milden Klimas und der vielen Badebuchten mit Sandstränden ein beliebtes Ferienziel. Bekannte Badeorte sind Biodola, Cavo, Marina di Campo, Marciana Marina, Procchio und Seccheto. Eine Gondelbahn fährt auf den Monte Capanne (1018 Meter). Bootsrundfahrten um die Insel finden täglich (außer sonntags) von Portoferraio und Porto Azzurro aus statt.

EMPOLI ⑩ ist eine Industriestadt in der Provinz Florenz, im Arnotal gelegen, mit 45 500 Einwohnern. Ein großer Teil der strohumflochtenen Chiantiflaschen kommt aus dieser Stadt, die für ihre Glasfabriken bekannt ist. Hauptkirche ist die 1093 begonnene Collegiata di S. Andrea mit einer Fassade aus weißem und grünem Marmor und einem Kunstmuseum.

FIESOLE ⑪ (15 000 Einwohner). Etruskerstadt und Bischofssitz auf steiler Anhöhe, acht Kilometer nordöstlich von Florenz gelegen, Geburtsort des Bildhauers Andrea Ferrucci, genannt Andrea da Fiesole (1465). Einer der bedeutendsten in Fiesole wirkenden Künstler war der Maler Fra Angelico (um 1401–1455), der ab etwa 1420 Mitglied des dortigen Dominikanerkonvents war.

Der romanische Dom (1028 begonnen, 1256 wiederaufgebaut) besitzt reichen Freskenschmuck in der Krypta und der Apsis sowie Skulpturen von Mino da Fiesole (15. Jahrhundert). Nördlich anschließend das Museo Bandini (Montag geschlossen). Hinter dem Dom erstreckt sich die Zona Archeologica mit der größten Sehenswürdigkeit des Ortes, dem römischen Theater, ferner mit Resten etruskischer Mauern, römischen Thermenanlagen und einem archäologischen Museum (Museo Civico Faesulanum, Dienstag–Sonntag 9–19 Uhr, im Winter 10–16 Uhr).
Von Fiesole aus hat man herrliche Ausblicke auf die Hügellandschaft im Norden von Florenz. Ein besonders schönes Panorama breitet sich von der Terrasse vor dem Franziskanerkloster aus; der gotischen Kirche aus dem 14. Jahrhundert und dem kleinen Museum mit Kunstwerken und Gebrauchsgegenständen aus dem fernen Orient sollte man bei der Gelegenheit auch einen Besuch abstatten (täglich 9–12 und 15–18 Uhr).
Das drei Kilometer südlich von Fiesole liegende ehemalige Benediktinerkloster Badia Fiesolana (mit einer Marmorfassade aus dem 12. Jahrhundert) ist heute Sitz der ersten Europäischen Universität.

FLORENZ (FIRENZE) ⑫ (470 000 Einwohner). Beiderseits des Arno gelegene Hauptstadt der italienischen Region Toskana und Bischofssitz. Neben Rom ist Florenz mit 80 Kirchen und Klöstern, 40 Museen und Galerien und über 200 Palästen die an Baudenkmälern und Kunstschätzen reichste Stadt Italiens. Das antike Florentia ist eine Gründung Cäsars (59 v. Chr.). Ab dem 11. Jahrhundert erweiterte die Stadt ihre Macht bis zur beherrschenden Stellung in Mittelitalien. Im westeuropäischen Wirtschaftsleben erlangte Florenz durch seine Tuchindustrie und dann durch seine Bankiers eine führende Stellung. Seit 1434 wurden die Geschicke der Stadt von der Familie Medici bestimmt. Von 1865 bis 1871 war Florenz die Hauptstadt des neuen Königreichs Italien.
Das religiöse Zentrum besteht aus dem romanischen *Baptisterium* mit seinen berühmten Bronzeportalen von Andrea Pisano und Lorenzo Ghiberti, dem 82 Meter hohen gotischen *Campanile* (Aufstieg über 416 Stufen, Montag–Samstag 9–17.30 Uhr möglich) und dem in der Renaissance vollendeten drittgrößten *Dom* Italiens mit der stadtbeherrschenden 114 Meter hohen Kuppel, einem technischen Meisterwerk Filippo Brunelleschis mit 45 Metern Durchmesser (Aufstieg Montag–Samstag 8.30–12.30 und 14.30–17.30 Uhr). Allen drei Bauwerken gemeinsam sind die polychromen Marmorfassaden. Im Dommuseum befinden sich hochbedeutende Ausstattungsstücke, so die Sängerkanzeln von Donatello und della Robbia, sowie eine Pietà von Michelangelo (Montag–Samstag 9–17.30, Sonntag 10–13 Uhr).
Zentrum des politischen Lebens ist die *Piazza della Signoria*, mit dem Domplatz verbunden durch die Via dei Calzaiuoli (an ihr liegt die eigenartigste Kirche der Stadt, Orsanmichele, aus dem 14. Jahrhundert, die Sakralraum und Getreidespeicher verbindet). Der *Palazzo Vecchio* mit seinem 94 Meter hohem Turm, ehemals Amtssitz der Stadtregierung, birgt eine Fülle sehenswerter Räume (Montag–Freitag 9–19, Sonntag 8–13 Uhr). Vorbei an der Loggia dei Lanzi gelangt man zu dem ehemaligen Verwaltungsgebäude der *Uffizien*, welche die größte Gemäldesammlung Italiens beherbergen (Dienstag–Samstag 9–14, Sonntag 9–13 Uhr). Ein Ku-

riosum ist der 1565 von Giorgio Vasari angelegte private Korridor der Medici, der im Palazzo Vecchio beginnt, durch die Uffizien und über den mit Läden und Brückenhäusern überbauten Ponte Vecchio bis zum Palazzo Pitti führt (Besichtigung nur in Gruppen mit Anmeldung).

Dominante im Westen der Stadt ist die gotische Dominikanerkirche *S. Maria Novella* mit wertvoller Ausstattung (Museum Montag–Donnerstag und Samstag 9–14, Sonntag 8–13 Uhr), zu welcher im Osten die größte Franziskanerkirche der Welt, *S. Croce*, den Gegenpol bildet. In S. Croce befinden sich unter anderen die Grabmäler von Michelangelo, Galilei, Machiavelli, Vespucci, Rossini; besonders sehenswert sind die berühmten *Giotto-Fresken*. Der Besuch des Museo dell'Opera di S. Croce ermöglicht den Zugang zur Pazzikapelle von Brunelleschi, einem Schlüsselbau der Florentiner Renaissance (täglich außer mittwochs von 9–12.30 und von 15–18.30 Uhr).

Nördlich des Domes liegt die kunsthistorisch bedeutendste Kirche der Stadt, S. Lorenzo, Haus- und Grabkirche der Medici. Brunelleschi und Michelangelo hinterließen hier einzigartige Werke der Architektur und Plastik (Museo Cappelle Medicee: Dienstag–Samstag 9–14, Sonntag 9–13 Uhr). Im ersten Stock des Kreuzgangs Michelangelos Biblioteca Laurenziana mit einem grandiosen Treppenaufgang (Montag–Samstag 10–13 Uhr). Lohnende Kirchen sind auch S. Trinità mit Fresken von Ghirlandaio (entstanden 1479–1486) in der Sassetti-Kapelle, S. Firenze als eines der seltenen Zeugnisse der Florentiner Barockarchitektur, SS. Annunziata von Michelozzo, S. Maria Maddalena dei Pazzi mit Perugino-Fresken im Kapitelsaal (täglich 9–12, 17–19 Uhr), S. Marco mit vollständig erhaltenem Renaissancekloster (Dienstag–Samstag 9–14, Sonntag 9–13 Uhr), S. Spirito von Brunelleschi, S. Maria del Carmine mit Fresken von Masaccio in der Brancacci-Kapelle. Im Refektorium der Ognissanti-Kirche befindet sich das berühmte Abendmahlfresko von Ghirlandaio von 1480 (Montag–Samstag 9–12.45 Uhr).

Die vornehmsten Renaissancepaläste sind der Palazzo Rucellai, der Palazzo Strozzi und der Palazzo Medici-Riccardi (Innenhof, Kapelle mit Fresken von Benozzo Gozzoli, 1459/60 und Medici-Museum: werktags außer mittwochs von 9–12.30 und von 15–17 Uhr, Sonntag 9–12 Uhr).

Oben: Blick auf Florenz. Mitte: Fischer am Arno. Unten: Frontseite des Ponte Vecchio in Florenz.

Jenseits des Arno, im Süden der Stadt, erhebt sich der gewaltige Komplex des *Palazzo Pitti* aus dem 15. Jahrhundert mit weltberühmter Gemäldesammlung, Galleria Palatina, und unter anderem einem Silbermuseum (Dienstag–Samstag 9–14, Sonntag 9–13 Uhr). Hinter dem Palast erstreckt sich der 1550 begonnene *Boboli-Garten* auf einer Grundfläche von 45 000 Quadratmetern, eine der prachtvollsten Gartenanlagen Italiens.
Weitere Museen: Museo Nazionale (Skulpturen und Kunstgewerbe) im Palazzo del Bargello; Museum für historische Wohnkultur (Museo dell'Antica Casa Fiorentina) im Palazzo Davanzati, Via Porta Rossa; Archäologisches Museum im Palazzo della Crocetta, Via della Colonna 36; Galleria dell'Accademia mit Werken Michelangelos, Via Ricasoli 60. All diese Museen sind Dienstag–Samstag 9–14 und Sonntag 9–13 Uhr geöffnet.
Die schönste Aussicht auf Florenz hat man vom Piazzale Michelangelo (mit der stimmungsvollen romanischen Kirche S. Miniato al Monte) und von der Festung Belvedere aus.

In der Altstadt von Grosseto: Dom San Lorenzo (erbaut 1294 bis 1302) an der Piazza Dante.

Das Touristenbüro befindet sich im Palazzo Viviani della Robbia in der Via Tornabuoni 15 (werktags von 8–14 Uhr). *6/7, 9, 10, 11, 18, 40, 41, 43, 44/45, 46, 47*

GALLUZZO ⑬ ist ein sechs Kilometer südlich gelegener Stadtteil von Florenz mit einem 1341 gegründeten Kartäuserkloster. Einblick in mittelalterliches Klosterleben gewähren die am großen Kreuzgang angeordneten und für diesen Orden typischen Mönchshäuschen. Auch unterirdische Kapellen und eine Pinakothek können besichtigt werden (Montag geschlossen). In der alten Klosterapotheke wird Kräuterlikör verkauft.

GARFAGNANA ⑭ heißt die waldreiche, vom Serchio durchflossene Tallandschaft zwischen den Apuanischen Alpen und dem Hauptkamm des Apennin im Norden der Toskana.

GROSSETO ⑮ (67 900 Einwohner), Hauptstadt der gleichnamigen Provinz am südlichen Rand der Maremma. In der von einer sechseckigen begehbaren Befestigungsanlage (16. Jahrhundert) umschlossenen Altstadt liegen der Dom (Baubeginn 1294) und die gotische Kirche S. Francesco. Im Museo Nazionale della Maremma (Piazza Beccarini 3) werden unter anderem etruskische Funde aufbewahrt (werktags außer Mittwoch 9–13 und 16–19.30, Sonntag 9–13 Uhr). Elf Kilometer nordöstlich von Grosseto können in *Roselle* umfangreiche Reste einer Etruskerstadt besichtigt werden.

IMPRUNETA ⑯. Gemeinde 13 Kilometer südlich von Florenz mit 11 000 Einwohnern. Das Städtchen verfügt über bekannte Keramik- und Töpferwerkstätten. Die Florentiner Domkuppel ist mit Ziegeln aus dieser Stadt gedeckt. In der Basilika S. Maria dell' Impruneta (11. Jahrhundert) sind die zwei Ädikula-Tempelchen von Michelozzo an beiden Seiten des Chores, ausgestattet mit Majolikaarbeiten von Luca della Robbia, sehenswert. Im Oktober feiert der Ort alljährlich die »Fiera di San Luca« mit Pferdemarkt.

INSELN. Der Toskanische Archipel besteht aus sieben Inseln, deren größte → *Elba* ist. Zweitgrößtes Eiland ist mit 29 Quadratkilometern die Ziegeninsel *Capraia* ⑰ mit zahlreichen Grotten an der steilen Westküste. Sie ist vulkanischen Ursprungs. In ihrer Mitte liegt in 300 Metern Höhe ein Kratersee mit wilden Seerosen. Die touristisch gut erschlossene *Isola del Giglio* ⑱ (21 Quadratkilometer) mit ihrer charakteristischen schwarzen Granitküste ist ein idealer Standort für Unterwassersport (Korallenkolonien). Auf der *Isola di Giannutri* ⑲ kann man sich in Ferienbungalows einquartieren; die Siedlung wird weiter ausgebaut. Die Insel *Montecristo* wurde durch den Abenteuerroman von

A. Dumas berühmt. Sie ist ein unbewohntes Naturschutzgebiet und darf nur mit Sondergenehmigung angelaufen werden. Eine solche Genehmigung benötigt man auch für die Inseln *Pianosa* und *Gorgona*, allerdings nicht aus Gründen des Naturschutzes, sondern weil dort Strafkolonien angesiedelt sind. Auskunft für alle Inseln kann man in Portoferraio, dem größten Ort auf Elba, Calata Italia 26, einholen.

Palazzo Controni-Pfanner in Lucca.

Eines der Stadttore in der noch vollständig erhaltenen, 4 Kilometer langen Stadtmauer von Lucca.

LA VERNA ⑳. Nördlich von Arezzo gelegenes, 1213 vom heiligen Franziskus von Assisi gegründetes Kloster auf dem «Heiligen Berg der Toskana» (1129 Meter), wo er 1224 die Wundmale empfing; eine der wichtigsten Wallfahrtsstätten des Franziskanerordens. Der malerisch verschachtelte Baukomplex (13.–16. Jahrhundert) besteht aus drei Kirchen und fünf Kreuzgängen und ist von einem dichten Wald umgeben. Das Kloster liegt am Ende des landschaftlich reizvollen Tiberinatales. In der Nähe befindet sich *Caprese*, der Geburtsort von Michelangelo Buonarroti (1475–1564), wo man Reproduktionen seiner Werke in der Burg und in einem Museum in der Casa del Podestà (beide aus dem 14. Jahrhundert) anschauen kann.

LIVORNO ㉑. Hauptstadt der gleichnamigen Provinz, bedeutendster Hafen und mit 175 000 Einwohnern zweitgrößte Stadt der Toskana. Geburtsort des Komponisten Pietro Mascagni (1863–1945) und des Malers Amedeo Modigliani (1884–1920). 1577 als Idealstadt im Sinne der Renaissance von den Medici gegründet; mächtige Bauwerke dieser Zeit sind die Alte und Neue Festung. Die schönsten Straßenzüge sind die Via Grande, Viale Italia und Via Cairoli. Im Museo Giovanni Fattori (Via della Libertà) werden Werke von Modigliani und der toskanischen Malergruppe der Macchiaioli gezeigt. Diese Kunstbewegung Mitte des 19. Jahrhunderts war der Schule von Barbizon und später dem französischen Impressionismus verpflichtet (täglich außer Montag 10–13, Donnerstag und Samstag auch 16–19 Uhr). *39*

LUCCA ㉒. Hauptstadt der gleichnamigen Provinz am linken Ufer des Serchio mit 91 400 Einwohnern. Die von einer vier Kilometer langen Ringmauer des 16./17. Jahrhunderts umgebene Altstadt besitzt zahlreiche Bauten aus Mittelalter und Renaissance, als die Stadt bedeutender Handelsplatz für Tuche und Stoffe (Seide, Brokat) war. Geburtsort von Luigi Boccherini (1743–1805) und Giacomo Puccini (1858–1924). Im Dom (12.–15. Jahrhundert) ist vor allem der «Volto Santo» und das Grabmal der Ilaria del Carretto von Jacopo della Quercia sehenswert. Die weiteren Kirchen entstammen meist dem 12. und 13. Jahrhundert, so S. Giovanni, S. Frediano (Fassadenmosaik), S. Francesco und S. Michele in Foro (mit bedeutender, am Dom zu Pisa orientierter arkadengeschmückter Fassade). Die auffallende Anlage der ovalen Piazza del Mercato geht auf ein römisches Amphitheater zurück, welches später mit Häusern überbaut wurde. Die 1418 erbaute Villa der Familie Giunigi, die von 1392 bis 1432 die Herrschaft über Lucca ausübte, ist heute Nationalmuseum (Via della Quarquonia); im Palazzo Mansi befindet sich die Staatliche Pinakothek. Im Palazzo Controni-Pfanner mit schönem Barockgarten lohnt der Besuch der Dauerausstellung «Costumi del XVIII e XIX Secolo» (Via degli Asili; alle Museen sind montags geschlossen). Die Umgebung von Lucca zeichnet sich durch repräsentative Villen aus dem 16. und 17. Jahrhundert aus, besonders prachtvoll sind die *Villa Torrigiani in Camigliano* (täglich 9–12.30 und 15–18 Uhr) und der Garten der *Villa Garzoni in Collodi* (täglich 8–20 Uhr). Dort befindet sich auch der *Pinocchio-Park* (täglich 8–22 Uhr, im Winter 9–18 Uhr; → Seite 30). Vom Kurort Bagni di Lucca geht es zum 1388 Meter hohen *Abetone-Paß*, einem Wintersportzentrum. *4/5*

MAREMMA ㉓ ist der Sammelname für die ehemals versumpften Küstenniederungen zwischen Cecina im Norden und Civitavecchia im Süden; heute ist es ein fruchtbares Landwirtschaftsgebiet. Der *Parco Naturale della Maremma* südlich von Grosseto erstreckt sich von den Monti dell'Uccellina bis zur Mündung des Ombrone und ist das größte Naturschutzgebiet der Toskana. Zu ihm gehört der zehn Kilometer an der Küste sich hinziehende

Pinienhain von Tombolo und die malerische Pinienallee nach Marina di Alberese. Führungen werden mittwochs, samstags und sonntags angeboten.

MASSA ㉔ (67 000 Einwohner). Die anmutig am Ausgang des Frigidotales bei Carrara gelegene Industriestadt (Textilien, Marmor) wird beherrscht vom trutzigen *Castello Malaspina*. Geburtsort des heiligen Bernhardin von Siena (1380). Im Zentrum der Stadt der *Palazzo Cybo Malaspina* (16. Jahrhundert) mit Doppelarkadenhof. Massa bietet sich als Ausgangspunkt für Wanderungen in den Apuanischen Alpen an. In der Nähe das Seebad Marina di Massa.

MASSA MARITTIMA ㉕ (10 500 Einwohner). Am Rande der Maremma gelegene alte Hauptstadt des Erzabbaugebietes der schon von den Etruskern ausgebeuteten → Colline Metallifere. Ein *Bergwerksmuseum* wurde in einem 700 Meter langen Schacht eingerichtet. Der Ort besteht aus der Citta Vecchia, der Altstadt (mit der von mittelalterlichen Palästen gesäumten Piazza Garibaldi und dem wirkungsvollen romanisch-gotischen Dom aus dem 13./14. Jahrhundert), und der höher gelegenen Neustadt Citta Nuova (13.–15. Jahrhundert) mit der Piazza Matteotti und einer Festung. Im *Palazzo del Podestà*, Piazza Garibaldi, befindet sich das *Museo Archeologico* (Dienstag–Sonntag 10–12.30 und 15.30–19 Uhr).

MEDICI-VILLEN. Aus der Fülle der mediceischen Landsitze seien einige herausragende Beispiele genannt. Der älteste und traditionsreichste Landsitz der Medici ist die *Villa di Careggi* ㉖ nördlich von Florenz, einst Treffpunkt der florentinischen

Taufbecken im Dom von Massa Marittima.

Elite des 15. Jahrhunderts (Brunelleschi, Donatello, Alberti, Michelangelo, Pico della Mirandola). Hier wurde 1459 die Platonische Akademie begründet, die für die Entwicklung der italienischen Kultur wesentlich werden sollte.
Die eleganteste Medici-Villa ist *Poggio a Caiano* ㉗, acht Kilometer südlich von Prato, die Sommerresidenz von Lorenzo I., »il Magnifico«, und nach dessen Tod 1492 von seinem Sohn Giovanni, dem späteren Papst Leo X., prachtvoll ausgebaut. Die Fresken stammen von Paolo Giovio und Jacopo Pontormo (Villa Dienstag–Samstag 9–13.30, Sonntag 9–12.30 Uhr, Park Dienstag–Sonntag 9–18.30 Uhr).
Die *Villa di Castello* ㉘, am Fuße des Monte Morello gelegen, ist zwar nicht zu besichtigen (Sitz der 1582 gegründeten Accademia della Crusca), besitzt aber berühmte Gartenanlagen mit Labyrinth und künstlichen Grotten. Oberhalb von Castello liegt die *Villa della Petraia*; beide Bauten sind durch eine breite Allee miteinander verbunden und gehören seit 1919 dem italienischen Staat. Die Villa della Petraia war seit 1864 Residenz des Hauses Savoyen und wurde mit kostbarem Mobiliar ausgestattet. Imposant sind die barocken Fresken des Hofraums. Beide Parks sind täglich außer Montag von 9–18.30 Uhr (im Winter bis 16.30 Uhr) geöffnet; die Villa Dienstag–Samstag jeweils eine halbe Stunde vor den Gartenöffnungszeiten.
Ein besonderes Merkmal des Jagdschlosses *La Ferdinanda* bei *Artimino* ㉙, acht Kilometer von Florenz entfernt, sind die zahllosen Kamine auf dem Dach. Im Inneren manieristische Fresken in reichen Stuckrahmen (Besichtigung nach telefonischer Voranmeldung möglich). Erwähnt sei schließlich die *Villa di Cafaggiolo* ㉚ im Mugello, einem beliebten Erholungsgebiet rund um den Ort Borgo San Lorenzo; ein Bau des mittleren 15. Jahrhunderts von Michelozzo.

MONTALCINO ㉛ (6000 Einwohner). Malerischer Weinort südlich von Siena über dem Orcia- und Ombronetal gelegen, mit mächtigen Festungsmauern und Turmen.

Festungsgürtel von Monteriggioni.

Die Thermen von Montecatini, dem elegantesten Kurort Italiens: «Tettuccio» (links), «Torretta» (rechts oben) und «Tamerici» (rechts unten).

Zehn Kilometer südlich die *Abbazia di S. Antimo*, einst reichste Abtei der Toskana, mit romanischer Kirche.

MONTECATINI TERME ㉜ (22 000 Einwohner). Berühmtester Kurort und größtes Thermalzentrum Italiens; an der Autobahn Lucca–Florenz gelegen. Die eleganten und üppig ausgestatteten Kuranlagen (zum Beispiel die Wandelhallen der Thermen «Leopoldina», «Regina», «Tettuccio» und das «Excelsior») vermitteln das Flair der Belle Epoque. Eine Seilbahn fährt ins malerische Dorf *Montecatini Alto*, von wo aus man einen herrlichen Rundblick genießen kann.

MONTE OLIVETO MAGGIORE ㉝. Eine der meistbesuchten Sehenswürdigkeiten der Toskana. 1313 auf einem Lehmrücken der «Crete» gegründete Benediktinerabtei, 35 Kilometer südöstlich von Siena in der Gegend der berühmten Terrakotta von Asciano. Mutterkloster der Olivetaner mit kostbarer Ausstattung. Die mittelalterliche Klosterkirche wurde 1772 barockisiert und besitzt ein wunderbares intarsiengeschmücktes Chorgestühl. Von den drei Kreuzgängen ist der große Kreuzgang mit 36 Fresken von Luca Signorelli und Antonio Bazzi, genannt «il Sodoma», am eindrucksvollsten. Im Kloster wird seit 1954 eine Restaurierungswerkstatt für Pergament und Inkunabeln betrieben und Klosterlikör hergestellt (täglich 9–12.45 und 15–18 Uhr).

MONTEPULCIANO ㉞ (14 200 Einwohner). Städtchen in einem der bekanntesten Weinanbaugebiete der südöstlichen Toskana. Das Stadtbild ist von Renaissancebauten bestimmt, darunter viele Palazzi. An der *Piazza Grande* liegt der *Dom* (1592–1630); weitere Kirchen sind *S. Agnese* und *S. Agostino*. Zwei Kilometer unterhalb des Ortes führt eine Zypressenallee zu einem der wichtigsten Zentralbauten der Renaissance, der sehenswerten Kirche *S. Biagio*, 1518 bis 1529 von Antonio da Sangallo erbaut.

MONTERIGGIONI ㉟ (7000 Einwohner), 14 Kilometer nordwestlich von Siena gelegen, ruht das kleine Dorf, umgeben von einem 570 Meter langen Mauerring mit 14 Türmen, wie eine Vision aus Dantes «Inferno» auf einem Hügel. Es diente Siena im 13. Jahrhundert zur Verteidigung gegen die florentinischen Expansionspläne.

PIENZA ㊱, am Rande der «Crete», über dem Tal der Orcia, ist eine der interessantesten Städte Italiens (2600 Einwohner). In Pienza wurde 1405, damals noch ein Dorf namens Corsignano, der Humanist und Dichter Enea Silvio Piccolomini geboren, welcher 1458 zum Papst Pius II. gekrönt wurde. Von diesem Jahr ab ließ er seinen Geburtsort durch den Architekten Bernardo Rossellino zu einer Idealstadt der Renaissance umwandeln und gab ihr seinen Namen (Pius – Pienza). Durch den Tod des Papstes 1464 blieb der Ausbau zwar unvollendet, doch vermittelt das Zentrum mit *Dom, Palazzo Comunale, Palazzo Vescovile* und *Palazzo Piccolomini*

PIENZA – DIE TOSKANISCHE «IDEALSTADT»

Unter den weniger bekannten Sehenswürdigkeiten der Toskana verdient Pienza eine besondere Erwähnung: Sie ist die früheste europäische «Idealstadt», die nicht nur erdacht, sondern ansatzweise auch erbaut wurde. In der Kunstgeschichte Italiens nimmt diese erste geplante Stadt der Renaissance eine Schlüsselstellung ein.

1458 wählte das Konklave Enea Silvio Piccolomini, an die Spitze der katholischen Kirche. Zwar stammte dieser aus einer vornehmen, wenn auch verarmten Familie und war Kardinal und Bischof von Siena, doch war er keinesfalls als Kirchenmann bekannt geworden. Piccolomini, der sich nach seiner Wahl zum Papst Pius II. nannte, war vielmehr einer der berühmtesten Gelehrten seiner Zeit. Zahlreiche Abhandlungen zur Geschichte und Geographie hatte er verfaßt, Briefe und lateinische Traktate (aber auch eine erotische Erzählung), und er war lange Jahre als Diplomat unterwegs gewesen.

Dieser Intellektuelle auf dem Papstthron beschloß, sein Heimatdorf Corsignano, südlich von Siena, in eine Musterstadt umzuwandeln.

Kurz nach seiner Wahl zum Papst kehrte Pius II. im Jahr 1459 erstmals in seinen Geburtsort zurück und erteilte die Aufträge zu dessen Umgestaltung. Als erstes wurden von seinem Architekten, dem Florentiner Bernardo Rossellino, eine neue Kirche und ein päpstlicher Palast für die «Piusstadt» in Angriff genommen (Pienza von «pius» = fromm; 1462 wurde die Stadt feierlich umbenannt).

Wie wir aus einem Buch wissen, in dem Pius II. seine Vorstellungen detailliert erläuterte, sollte der Palast einen Rundblick auf die toskanische Landschaft bieten. An das Haus schließt sich ein Garten an, in dem die Umgebung im kleinen wiederholt wird; der Bau ist Palast und Villa zugleich und auf den Monte Amiata hin ausgerichtet. Den Gedanken, der der Anlage zugrunde liegt, kann man noch heute nachvollziehen: Es gibt eine Blickachse, die vom Hauptportal durch den Hof, den anschließenden Raum mit seiner Loggia und über den Garten hinweg führt auf den Monte Amiata. Der neue Dom, neben dem Palast auf der zentralen Piazza des Ortes angeordnet, besteht wie die meisten Gebäude aus gelbem Sandstein, dem jedoch eine triumphbogenähnliche Fassade aus weißem Marmor vorgesetzt ist. Er ist – erstaunlich für die italienische Architektur – als Hallenkirche konzipiert; wie man heute weiß, analog zu süddeutsch-österreichischen Vorbildern der Spätgotik, die Pius II. auf seinen zahlreichen Deutschlandreisen kennengelernt hatte (Landshut, Neuötting, Nürnberg, Mödling). Der Papst wollte vor allem die Lichterfahrung vermitteln, umgesetzt durch sehr große Maßwerkfenster, und hat von seiner Kirche als einem «Werk aus Glas» gesprochen, dem sich der Besucher gegenüber sehen solle. Der Glaube als Lichtbringer steht hier als Gedanke hinter der architektonischen Formensprache.

Der Palazzo Pubblico in Pienza.

Bald kamen ein neues Rathaus, dann auch die Paläste anderer Kardinäle hinzu. Pius II. hatte wegen des Ausbruchs der Pest in Rom Pienza zur päpstlichen Nebenresidenz gemacht.

Nicht alle Bewohner des früheren Corsignano waren mit dem ausbrechenden Bauboom gleichermaßen einverstanden. Von Anfang an hatte die Stadtregierung von Siena nur zähneknirschend die Erlaubnis zur Abholzung für das Baumaterial gegeben; nun wehrten sich auch einfachere Leute, deren Häuser abgerissen werden sollten. In einem Brief Pius' II. ist davon die Rede, mit einigen «povri homeni» («armen Leuten») habe es «viel Mühe und Krach» gegeben. Für sie wurde eine eigene standardisierte Häuserzeile von zwölf (erst in den letzten Jahren identifizierten und restaurierten) Gebäuden gebaut. Der schnellen Errichtung der Bauten folgte der ebenso schnelle Rückfall in die Bedeutungslosigkeit, als Pius II. schon 1464, nur sechs Jahre nach seiner Wahl, plötzlich starb. Der Plan eines Krankenhauses und weiterer Paläste sowie eines Stausees am Fuß des Hügels blieb unausgeführt.

Thomas Bremer

(täglich 10–12.30 und 15–18 Uhr) den Eindruck eines zu Stein gewordenen Musterbuchs der Renaissancearchitektur (siehe oben). Nur wenige Kilometer von Pienza entfernt, liegt die typisch toskanische Kleinstadt *S. Quirico d'Orcia*, deren romanische, schon im 8. Jahrhundert erwähnte Kirche mit bedeutender Bauplastik aus dem 12. Jahrhundert verziert ist.

PIETRASANTA (37) (26000 Einwohner). Hauptort der Küstenlandschaft Versilia zwischen Carrara und Viareggio und Zentrum der Marmorverarbeitung. Sehenswert sind der malerische Domplatz, der Dom (13. Jahrhundert), die Kirche S. Agostino (14. Jahrhundert) und der Palazzo Pretorio (16. Jahrhundert). In der Nähe die Marmorbrüche von *Seravezza* (von hier stammt der Marmor zu Michelangelos Grabmal von Julius II. in Rom), wo sich auch eine Medici-Villa befindet, die 1555 von Bartolomeo Ammanati für Cosimo I. erbaut wurde.

PISA (38). Am Arno gelegene Hauptstadt der gleichnamigen Provinz, alte Universitätsstadt und Erzbischofssitz mit 105000 Einwohnern. Ehemals römischer Flottenstützpunkt, lag Pisa an einer schiffbaren Lagune, die aber ab dem 13. Jahrhundert versandete; heute ist die Stadt zehn Kilometer vom Meer entfernt. Pisa war vom 11. bis zum 13. Jahrhundert führend in der Baukunst Mittelitaliens und Wirkungsstätte der berühmten Künstlerfamilie Pisano; Geburtsort des Malers Antonio Pisanello

(1395–1455?) und des Naturforschers Galileo Galilei (1564–1642).
Wer von der Aurelia herkommend, durch die Porta S. Maria nach Pisa fährt und dann den *Campo dei Miracoli* genannten Domplatz unmittelbar vor sich sieht, wird verstehen, daß dieser Platz als einer der eindrücklichsten Punkte der Welt gilt: Symbol des Glaubens und der Macht der republikanischen Stadt. Das strahlende Weiß des Marmors aus S. Giuliano, womit die vier Architekturwunder verkleidet sind, konkurriert mit dem Grün des Rasens und dem Blau des Himmels. Das unvergleichliche Ensemble besteht aus dem fünfschiffigen *Dom* im eigenständigen Stil der Pisaner Romanik (1063–1118 erbaut) mit 68 antiken Säulen und einer Kanzel von Giovanni Pisano im Inneren, dem 1152 begonnenen *Baptisterium* mit Marmortaufbecken (1246) und einer Kanzel von Nicola Pisano, dem runden, 1173 begonnenen und 58 Meter hohen *Campanile* (wegen Senkung des Sandbodens um 4,86 Meter nach Süden geneigt und *Schiefer Turm* genannt) und dem gotischen *Camposanto* (1278 begonnen), früher Friedhof, heute Museum (täglich von 9 Uhr bis Sonnenuntergang).
Pisa hat eine großzügige Altstadt und einen der lebendigsten Märkte der Toskana. Von den zahllosen Kirchen aus Mittelalter und Renaissance seien erwähnt die Dominikanerkirche S. Caterina, S. Francesco, S. Michele in Borgo, S. Nicola, S. Paolo a Ripa d'Arno (Domkopie), S. Stefano dei Cavalieri und S. Zeno (älteste Kirche Pisas). Ein gotisches Juwel, das wie ein vergrößerter Reliquienschrein wirkt, ist S. Maria della Spina (1323). Im ehemaligen Kloster S. Matteo befindet sich das Nationalmuseum (Lungarno Mediceo, Dienstag–Samstag 9–14 und Sonntag 19–23 Uhr). Schönster Profanbau der Stadt ist der ganz mit Sgraffitti überzogene *Palazzo dei Cavalieri* (1562 von Vasari erbaut) am gleichnamigen Platz, den man durch den *Palazzo dell'Orologio* erreicht.
Auf dem Weg zu den beliebten Badeorten *Marina di Pisa* und *Tirrenia* liegt die romanische Basilika *S. Piero a Grado*, wo der heilige Petrus an Land gegangen sein soll. Ein Besuch der prunkvollen barocken *Certosa di Pisa* in *Calci* ist ebenso lohnend wie der Rundblick vom *Monte Serra* (917 Meter). *24/25*

PISTOIA (39) (94800 Einwohner). Hauptstadt der gleichnamigen Provinz, 35 Kilometer nordwestlich von Florenz, am Ombrone zu Füßen des Apennin gelegen. Die Stadt ist reich an mittelalterlichen Bauten, besonders aus der romanischen Zeit: S. Andrea besitzt eine 1301 vollendete reliefgeschmückte Kanzel von Giovanni Pisano, S. Giovanni Fuorcivitas eine ähnliche Kanzel und ein Weihwasserbecken desselben Künstlers, S. Bartolomeo in Pantano eine Kanzel von Guido da Como aus dem Jahr 1250. Im Dom (12./13. Jahrhundert) kann der *silberne Altar* des heiligen Jakobus mit 628 Figuren (13.–15. Jahrhundert) bewundert werden. Das marmorverkleidete Baptisterium wurde nach Plänen von Andrea Pisano 1338 bis 1359 erbaut. Gotische Kirchen sind S. Domenico, S. Francesco und S. Paolo. Im gleichfalls gotischen *Palazzo del Comune* hat das Museo Civico seinen Sitz. Aus der Renaissance stammt die Arkadenfront des 1277 gegründeten Ospedale del Ceppo mit einem farbenprächtigen Terrakottafries aus der Werkstatt der Familie della Robbia.
In der Villa di Celle, an der Straße von Pistoia nach Montale, befindet sich die bedeutendste, von Giuliano Gori zusammengetragene italienische Privatsammlung zeitgenössischer Kunst.

PITIGLIANO (40). Malerisches Städtchen auf steiler Tuffsteinkante gebaut mit nur 4800

Zweimal Dom und Schiefer Turm in Pisa: die Originale und als Souvenirs.

Einwohnern. Neben zahlreichen etruskischen Felsgräbern sind der Dom und der zinnenbekrönte Palazzo Orsini sehenswert. *36/37*

POPULONIA ㊶ (200 Einwohner). Am Golf von Baratti bei Piombino gelegen, war der Ort das wichtigste Eisenhüttenzentrum der Antike. Die meisten der etruskischen Ausgrabungsfunde aus den beiden Nekropolen San Cerbone und Porcareccia befinden sich im Museo Archeologico in Florenz, manches aber auch im örtlichen Museo Civico.

PRATO ㊷. Bischofssitz in der Provinz Florenz mit 160 000 Einwohnern. Prato ist ein Zentrum der Herstellung von Wolle und gilt als »italienisches Manchester« (im Museo del Tessuto kann man alles über Stoffe und ihre Bearbeitung erfahren). Die Stadt wird überragt von dem imposanten *Castello dell'Imperatore*, das um 1240 von Kaiser Friedrich II. im Stil sizilianischer Stauferburgen errichtet wurde. Der romanisch-gotische *Dom* mit einer Marmorfassade des 15. Jahrhunderts und einer originellen Außenkanzel mit Baldachin vereinigt Werke von Michelozzo, Donatello, Pisano, Fra Filippo Lippi und gilt als eine der schönsten Kirchen der Toskana. Das Dommuseum ist werktags außer dienstags von 9.30–12.30 und 15–18.30 Uhr, sonntags von 9.30–12.30 Uhr geöffnet. *S. Maria delle Carceri*, ein Zentralbau des 15. Jahrhunderts, gehört zu den Hauptwerken der italienischen Frührenaissance. Im gotischen Palazzo Pretorio befindet sich eine Gemäldegalerie (Montag geschlossen). Prato besitzt im Centro per l'arte contemporanea Luigi Pecci die größte Sammlung moderner Kunst in der Toskana (Viale della Repubblica, Mittwoch–Montag 10–19 Uhr).

Geschlechtertürme (oben) und die Piazza della Cisterna (unten) in San Gimignano.

SAN GIMIGNANO ㊸ (7500 Einwohner) in der Provinz Siena ist mit Florenz durch die Via Chiantigiana verbunden. Jenseits des Elsatales inmitten sanfter Hügel und Getreidefelder erhebt sich die mauerumringte Stadt, mit Toren, die ihr mittelalterliches Aussehen fast unverändert bewahrt haben. Von den einst 72 hohen quadratischen Geschlechtertürmen, wehrhaften Monumenten eines oft verhängnisvollen Familienstolzes, sind heute noch 15 erhalten. Mittelpunkt der Stadt ist die *Piazza della Cisterna*. Neben dem Rathaus (Palazzo del Popolo) mit Loggia und 54 Meter hohem Turm (die hier sich befindende Kunstsammlung ist 9.30–12.30 und 15.30–18.30 Uhr geöffnet) liegt die romanische *Collegiata S. Maria Assunta*. Die Basilika ist vollständig mit Fresken ausgemalt, darunter das eindrucksvolle Jüngste-Gericht-Fresko von 1393. Ein Marmorpavillon aus der Frührenaissance mit Fresken von Domenico Ghirlandaio ist der heiligen Fina (1238–1253) als Kapelle gewidmet. Vom Domplatz aus sollte man durch die pittoreske, palastgesäumte Via S. Matteo zur Piazza S. Agostino, mit charakteristischer Fischgrätenpflasterung, gehen. Dort liegt das Augustinerkloster, in dessen reich mit Malereien ausgestatteter gotischer Kirche ein Freskenzyklus von Benozzo Gozzoli, von 1463 bis 1465 geschaffen, der kostbarste Schatz ist. Wegen einer Besichtigung wende man sich an die Augustinermönche, die dem Besucher vielleicht auch ein Verweilen in ihrem wunderschönen Kreuzgang mit seinen vollendeten Proportionen gestatten. Sie sind auch für die gegenüberliegende romanische Kirche S. Pietro (mit Malereien der Sieneser Schule) zuständig, die der Volterraner Kurie gehört und an die Zeiten der Herrschaft dieser Stadt über San Gimignano (bis 1352) erinnert.
Den schönsten Blick auf dieses »Manhattan des Mittelalters« genießt man von der Burg Montestaffoli (Mitte 14. Jahrhundert) und vom ehemaligen Kloster Monteoliveto aus (nicht zu verwechseln mit Monte Oliveto Maggiore).

SATURNIA ㊹. Einer der ältesten Kurorte im Inneren der Maremma, an der römischen Via Clodia. Der Ort ist bekannt wegen seines Thermalflusses und der »Cascate di Saturnia«, einem Wasserfall mit konstanter Wassertemperatur von 37,5 Grad.

SIENA ㊺. Hauptstadt der gleichnamigen Provinz und Erzbischofssitz mit 66 000 Einwohnern. Siena ist die »gotischste« Stadt Italiens. Einst mächtige Rivalin von Florenz, hat sie ihr mittelalterliches Erscheinungsbild mit verwinkelten Straßen, Brunnen und Toren fast unversehrt erhalten. (Charakteristische Straßenzüge sind Via Banchi di Sopra, Via di Città, Via della Galluzza, Via Bandini.) Siena ist nach

Florenz die kunstreichste Stadt der Toskana, eine Stadt aus Ton und Backstein. Hier wurde 1347 die heilige Katharina geboren, die Schutzpatronin Italiens (ihr Sanktuarium im Vicolo del Tiratoio 8 ist täglich 9–13 und 14–18.30 Uhr geöffnet). Mittelpunkt der Stadt ist die mit roten Ziegeln bepflasterte muschelförmige *Piazza del Campo*, die 1347 ihr heutiges Gesicht erhielt. Hier stehen der Palazzo Sansedoni und der Palazzo Pubblico (1297–1342 erbaut) mit seinem markanten 102 Meter hohen Torre del Mangia genannten Turm (1338–1348 erbaut), von dem aus sich ein Blick lohnt. Wer länger auf diesem unvergleichlichen Platz verweilt, dem wird er wie eine riesige Sonnenuhr erscheinen, zu welcher der Turm den Schattenstab ab-

Oben: Blick auf den Dom von Siena. Unten: Am Strand von Viareggio. Im Hintergrund die Apuanischen Alpen.

gibt. Das Museum im Palazzo Pubblico enthält die bedeutendsten Werke der *Malerschule von Siena*, deren Blütezeit vom letzten Drittel des 13. bis zur Mitte des 14. Jahrhunderts reicht. Die bekanntesten Vertreter sind Duccio di Buoninsegna, Simone Martini (von ihm stammt das erste gemalte Reiterdenkmal, 1328) und die Brüder Lorenzetti (Museum täglich geöffnet von 8.30–19.30 Uhr, im Winter von 8.30–13.30 Uhr). Hinter dem Palazzo Pubblico erstreckt sich die malerische Piazza del Mercato.

Eine weitere Hauptsehenswürdigkeit ist der außen und innen marmorverkleidete *Dom* (12.–14. Jahrhundert). Seine Fassade ist jener des Doms in Orvieto nachgebildet. Einzigartig ist der in 56 Felder eingeteilte Marmorfußboden, dessen Intarsien und Sgraffitti 200 Jahre lang über 40 Künstler beschäftigten. Unter der Apsis befindet sich anstelle einer Krypta das reich freskierte Baptisterium mit einem Taufbecken des senesischen Bildhauers Jacopo della Quercia. Dem überwältigenden Raumeindruck des Doms ist die Kanzel von Nicola Pisano (1267) ebenbürtig. In der *Libreria Piccolomini*, der Dombibliothek, ab 1502 vollständig von Pinturicchio ausgemalt, finden wir eines der vollkommensten Beispiele für die malerische Ausschmükkung eines Profangebäudes (Zugang vom linken Seitenschiff aus, mit prächtiger Marmorschaufront). 1339 wurde ein gewaltiger Neubau begonnen, zu dem der bestehende Dom das Querschiff bilden sollte. Das ungeheure Projekt wurde nach dem verheerenden Pestjahr 1348 eingestellt. Erhalten blieb die unvollendete Fassade des geplanten Neubaus, der »Facciatone«, und das rechte Seitenschiff, das das Dommuseum mit dem ehemaligen Hochaltarbild, der Maestà von Duccio, birgt (täglich 9–13 und 14.30–18.30 Uhr, im Winter 9–14 Uhr).

Siena besitzt viele Kirchen mit bedeutenden Fresken und Gemälden, so beispielsweise S. Domenico, S. Francesco, S. Ago

stino und S. Maria dei Servi, und auch an gotischen Palästen ist die Stadt besonders reich. Im Palazzo Buonsignori ist die Staatliche Pinakothek untergebracht (Via S. Pietro 29, Montag geschlossen); im Palazzo Chigi-Saracini, dessen krummer Verlauf sich (wie öfter in Siena zu beobachten) der gewundenen Straße anpaßt, befinden sich die Musikakademie und eine wertvolle Instrumentensammlung. Der Palazzo Piccolomini beherbergt heute das Staatsarchiv, das eine seltene Sammlung bemalter Bucheinbände besitzt (Via Banchi di Sotto 52, Montag–Samstag 9–13 Uhr). Die Piazza Salimbeni wird von drei bedeutenden Palastbauten umrahmt: den Palazzi Salimbeni, Spannocchi und Tantucci. In ihnen hat die älteste italienische Kreditanstalt, »Monte dei Paschi di Siena«, ihren Sitz, die 1264 gegründet wurde. Das Archäologische Nationalmuseum ist in der Via della Sapienza 3 zu finden (Mittwoch geschlossen).
Schöne Ausblicke auf die Stadt hat man von der Medici-Festung und vom sieben Kilometer südlich inmitten eines Steineichenparks gelegenen Castello di Belcaro aus. *13, 14, 15, 16/17, 19*

VERSILIA (46) heißt die 165 Quadratkilometer große Küstenregion in der Provinz Lucca mit mondänen Badeorten wie Forte dei Marmi, Marina di Pietrasanta, Lido di Camaiore und Viareggio. Weiße Sandlandschaften, umrandet von grünen Pinienwäldern, sind hier typisch; in der Nähe finden sich die Olivenhaine von Massarosa.

VIAREGGIO (47) ist mit 60 000 Einwohnern das größte und eleganteste Seebad der tyrrhenischen Küste. Die eindrucksvollsten Bauten der Jahrhundertwende stehen am Viale Regina Margherita. Das Lieblingslokal des Komponisten Giacomo Puccini, der im nahegelegenen Dorf Torre del Lago lebte und starb (Villa und Grab sind zu besichtigen von 9–12 und 15–19 Uhr), war das Gran Caffè Margherita. Seit 1873 findet alljährlich ein Karnevalsumzug statt. Auf dem Lago di Massaciuccoli kann man romantische Bootsfahrten unternehmen.

VOLTERRA (48). Bischofssitz in der Provinz Pisa mit 15 800 Einwohnern. Weithin sichtbar thront die Stadt auf einer 555 Meter hohen Erhebung inmitten des toskanischen Hügellands. Wild zerklüftete Formationen, die »balze«, liegen am Rande

Piazza dei Priori in Volterra.

der Stadt: Erosionen verursachen immer wieder Erdabstürze, denen schon Häuser, Kirchen, ein mittelalterliches Kloster und die Nekropole zum Opfer fielen. Volterra gehörte dem etruskischen Zwölfstädtebund an (damals Velathri genannt); aus dieser Zeit sind Gräber, Mauerreste, der 2300 Jahre alte Arco Etrusco und Teile eines Tempels erhalten; aus römischer Zeit Reste eines Theaters. Die Stadt ist der Geburtsort des Malers Baldassarre Franceschini, genannt Volterrano (1611–1687). Volterra ist für seine Alabasterprodukte bekannt; ein Besuch in den Alabasterwerkstätten ist sehr zu empfehlen.
Mittelpunkt der Stadt ist die *Piazza dei Priori*, einer der schönsten Plätze Italiens, mit den Palästen Pretorio und dei Priori (mit zinnenbekrönter Torre del Podestà) aus dem 13. Jahrhundert. Der romanische *Dom* (innen im 16. Jahrhundert verändert; Marmorciborium von Mino da Fiesole, 1471) bildet mit dem Baptisterium (13. Jahrhundert; Taufbecken von Andrea Sansovino, 1502) und dem Campanile von 1493 ein malerisches Ensemble. In der Cappella della Croce an der gotischen Kirche S. Francesco ist ein Freskenzyklus aus der Kreuzlegende von 1410 sehenswert.
Im ältesten Museum für etruskische Kunst, dem *Museo Etrusco Guarnacci* (1761 gegründet), befindet sich eine bedeutende Sammlung von über 600 Aschenurnen, meist aus Alabaster, und die bekannte Bronzestatuette »Ombra della Sera« aus dem 2. Jahrhundert v. Chr. (Via Don Minzoni 11; täglich außer Montag 9.30–13 und 14.30–18 Uhr); das *Diözesanmuseum* mit Werken kirchlicher Kunst hat dieselben Öffnungszeiten. Von überregionaler Bedeutung ist die Sammlung toskanischer Malerei des 14. bis 17. Jahrhunderts im Palazzo Minucci-Solaini (Via Buonparenti; täglich 10–13 und 15–18 Uhr).
Der ausgedehnte Festungskomplex (14./15. Jahrhundert) am Ostrand der Altstadt ist nicht zu besichtigen, da er eine Strafanstalt birgt. In der Nähe von Volterra liegt das landschaftlich schöne Val di Cecina.

TEXTNACHWEIS

Max Frisch: Tagebuch 1946–1949. Frankfurt am Main: Suhrkamp Verlag 1950.
Robert Gernhardt: Ich Ich Ich. Zürich: Haffmans Verlag 1982.
Laurie Lee: Die Hügel der Toskana. Aus dem Englischen übertragen von Grete Felten. München: Kindler Verlag 1975. Genehmigung durch Liepmann AG, Zürich.
Ippolito Nievo: Pisana oder die Bekenntnisse eines Achtzigjährigen. Aus dem Italienischen übersetzt von Charlotte Birnbaum. Frankfurt am Main: Suhrkamp Verlag 1957.
Elisabeth Plessen: Stella Polare. Frankfurt am Main: Fischer Verlag 1984.
Hippolyte Taine: Reisen in Italien (1866). Aus dem Französischen übertragen von Ernst Hardt. Band 2. Jena: Eugen Diederichs Verlag 1910.

Wir danken allen Rechteinhabern und Verlagen für die Erlaubnis zum Nachdruck. Trotz intensiver Bemühungen war es aber nicht möglich, alle Rechteinhaber zu ermitteln. Wir bitten diese, sich an den Verlag zu wenden.

BILDNACHWEIS

Die Karte auf Seite 48 zeichnete Astrid Fischer-Leitl, München.
Archiv für Kunst und Geschichte, Berlin: S. 18 M.l.
Bildarchiv Verlag C. J. Bucher, München: S. 18 o. und u.
Bildarchiv Engelmeier, München: S. 30 o.
Historia Photo, Hamburg: S. 18 M. und M.r.
Italienisches Fremdenverkehrsamt ENIT, München: S. 30 u., 52 o., 53 o. und M., 58 o., 59 (3), 63 u.
Peter Schmid, München: S. 57 (2), 62 (2), 63 o.

Konzeption: Axel Schenck
Lektorat: Angelika Franz, Irene Braun
Anthologie: Rüdiger Dingemann
Graphische Gestaltung: Peter Schmid
Herstellung: Angelika Kerscher
Druck und Bindung: by EGEDSA, Sabadell, Spanien

Sonderausgabe 2000 für den Cormoran Verlag, München in der Econ Ullstein List Verlag GmbH & Co.KG, München

ISBN 3-517-07963-4